Walter Machtemes

Einübung ins Leben
in 100 Lektionen

Prof. Dr. Dr. Walter Machtemes

Walter Machtemes ist Arzt, Philosoph und Soziologe. Er hat langjährige Erfahrung in der klinischen und ambulanten Psychiatrie und Psychotherapie, in der Erwachsenenbildung sowie als Hochschullehrer und ist Autor zahlreicher Bücher und wissenschaftlicher Veröffentlichungen. Sein Denken und sein Handeln sind geprägt durch viele Aufenthalte in asiatischen Ländern. Seinen Arbeitsschwerpunkt findet er bei den suchenden Menschen, die sich selbst und ihre körperliche, seelische und soziale Sicherheit (vorübergehend) verloren haben. Er will mit den Leidenden ("Patienten") hinter die Fassaden des Alltags schauen, gemeinsam mit ihnen Konflikte lösen und helfen, Gleichgewicht wieder herzustellen.

Illustrationen: Nadine Bärenwald

Walter Machtemes

Einübung ins Leben
in 100 Lektionen

1. Auflage 2020
(c) Walter Machtemes, 2020
BOD, Norderstedt, 2020
ISBN 9783750487413
Dieses Buch ist auch als E-Book erhältlich

Inhalt

Statt eines Vorwortes:
… und das Schwein atmete

Wie von einem inneren Automatikgetriebe gesteuert, schaltete er die Gänge seines Fahrzeuges:

Erster Gang: Es geht weiter …, zweiter Gang: einen Versuch zu beschleunigen könnte man wagen …, Stopp! No go!

Bert hasste dieses alltägliche Rush-Hour-Ritual. Eine Möglichkeit, dem qualvollen Geschehen zu entkommen, hatte er bisher nicht gefunden. Umgehungsversuche waren stets an den menschlichen Umständen gescheitert. Viele Gleichbetroffene setzten dasselbe Vorhaben um und behinderten sich gegenseitig an jeder Straßenkreuzung und an jeder Verkehrsampel.

Behinderungen und Verhinderungen stellen für Neuzeitmenschen existenzielle Bedrohungen dar. Ich verpasse den Termin; ich werde außerhalb des Gleitzeitraums am Arbeitsplatz ankommen; ich verliere wertvolle Zeit ….

Bert stellte mit einem gewissen Erstaunen fest, dass seine Gedanken ihn fortgetragen hatten. Sein inneres Automatikgetriebe funktionierte weiterhin reibungslos. Es steuerte nahezu eigenständig das Fahrzeug, in dem er saß und in dem er sich gleichzeitig geistig nicht mehr aufhielt. Ihm wurde bewusst, dass er in der Tat in jeder Minute seines Lebens kostbare Zeit einsetzte und sie oft verschenkte, oder besser gesagt: Er vergab eher achtlos seine Zeit.

Auch jetzt gab es Wichtigeres, als sich die Frage zu beantworten, wann und wie er ankommen würde. Er würde das Unterwegssein unbeachtet lassen. Er würde die unendlich vielen Momente missachten, um sich selbst und die Welt zu erfahren. Wenn er nur seine Sinne öffnen wollte und auf diese Weise die Energie seines ziellosen Ärgers, mit dem jeweils Gegebenen umzugehen, anderweitig nutzen könnte!

Bert musste wieder einmal eine Stopp-Phase seiner, wie er es jetzt nannte „Auf(ent)haltsfahrt" tolerieren. Er bemerkte jedoch, dass es ihm jetzt leichter fiel, das Unvermeidliche hinzunehmen. Er schaute sich neugierig um, betrachtete die Gesichter und das Verhalten der neben ihn Fahrenden und Vorbeifahrenden, nahm lächelnd zur Kenntnis, schlussfolgerte, deutete. Es gab sehr viel zu sehen, wenn man nur betrachten wollte!

Mit dem Blick nach vorne nahm Bert erst jetzt einen direkt vor ihm fahrenden Transporter wahr, der von seiner ihn bisher beherrschenden Ungeduld nicht zur Erfahrung zugelassen worden war. Es handelte sich um einen der üblichen Viehtransporter, die mit ihrer lebendigen Fracht (dem sogenannten Nutzvieh) vielerorts unterwegs waren zum Bestimmungs- und Endpunkt vielfachen tierischen Lebens.

Bert fragte sich, ob die tierischen Mitfahrer das Ziel ihrer unfreiwilligen Reise erahnten. Er mühte sich, einen

Blick zwischen die Querlattungen des Transporteraufbaus ins Innere des Nutzvieh-Endreise-Mobils zu schicken. Doch er konnte im Halbdunkel nur schemenhafte Bewegungen erkennen.

Als ob seine Neugierde eine Funkbotschaft dargestellt hätte, erschien in einer der unteren Öffnungen des Verschlages unmittelbar ein rosa „Etwas", das einer jener Steckdosen glich, die Bert aus der Altbauwohnung seiner Großeltern kannte. Nur, diese Steckdose zeigte sich in Aktion.

Die beiden parallel angeordneten, kreisförmigen Öffnungen wurden nach rechts und nach links, nach unten und nach oben gerichtet.

Diese Schweinenase schnupperte noch einmal die Düfte der Welt und des Lebens. Das nicht wahrnehmbare dazugehörige Tier schien die Nähe zur unerreichbaren Freiheit zu erkennen und sog - Berts Deutung - genießerisch die unermesslich zur Verfügung stehende Atemluft in sich auf. Ein Hauch von Unendlichkeit in der Endlichkeit des organischen Daseins färbte die gesamte Situation fast friedvoll ein. Bert versuchte die fundamentale existenzielle Erfahrung mit dem vor und mit ihm atmenden Tier zu teilen.

Er sinnierte, kalkulierte, schlussfolgerte. Die Zahl unserer Atemzüge im Verlaufe unseres Lebens ist unglaublich hoch und doch begrenzt mit dem letzten Atemzug!

Bert begann zu rechnen: Bei durchschnittlich 16 Atemzügen pro Minute atmen wir 960 Mal pro Stunde, 23.040 Mal pro Tag, 8.409.600 Mal pro Jahr.

Das heißt statistisch gesehen: Bei einer durchschnittlichen Lebenserwartung eines Menschen von 80 Jahren atmen wir durchschnittlich 672.768.000 Mal.

Welche Veränderungen unserer Lebenserfahrungen würden uns erwarten, wenn wir täglich nur einige dieser 672 Millionen Atemzüge bewusst vollzögen!

Ein- und ausatmend könnten wir Kontakt herstellen und die kosmische Fülle zu unserer Eigenen werden lassen.

Bert atmete lustvoll tief ein und aus. Er fühlte sich plötzlich leicht und glücklich. Wie viel

mehr Lebens- und Atmen-Zeit standen ihm noch zur Verfügung im Vergleich zu den Geschöpfen vor ihm! Bert musste lächeln. Mit dem Rush-Hour-Verkehr wurden dem unbekannten Besitzer der Schweinenase Überlebensstunden geschenkt, die offensichtlich begierig an- und aufgenommen wurden. Auch Bert selbst spürte jetzt dieses Verlangen, er ließ die Seitenscheiben seines Fahrzeuges herunterfahren und atmete und atmete und atmete …

Hinführung: Warum das Leben lernen?

Das Leben lebt. Dein Leben lebt. Lebst du dein Leben? Wir wollen dich nicht schon mit den ersten Sätzen dieses Lebenslehrbuches verwirren.

Im Gegenteil, wir haben die Absicht, dich mit der Klarheit und der Deutlichkeit der Sprache und der Begriffe vertraut zu machen.

Der Lebensprozess muss zunächst biologisch verstanden werden. Du bist nicht tot, du lebst. Dies kannst du über jede deiner Organfunktionen feststellen. Über die persönliche „Ausstattung", die dich unterscheidbar macht, lebst du dein Leben. So wie du dich erfährst, bist du einzigartig. Sofern du das annehmen kannst und willst, hast du aber auch einen Auftrag zu erfüllen, wer immer ihn dir geben mag, Gott, die Natur, dein Selbst …: Du sollst ein/e Lebenskünstler/in sein und dich selbst als Objekt deines Gestaltungswillens begreifen.

Der philosophische „Praktiker" Gerd B. Achenbach bezeichnet dies als „Lebenskönnerschaft". Den Kenner würde man daran erkennen, dass er eine Sache kennt, den Könner daran, dass er sich mit einer Sache auskennt.

Kennst du dich aus in und mit deinem Leben? Wenn du zweifelst, und damit geht es dir wie vielen deiner Zeitgenossen, dann brauchst du einen Kurs in „ars vivendi", in praktischer Lebenskunst. Lehrmeister sind die Dichter und

Denker unserer Geistesgeschichte, die dir auf vielfältige Weise Fachwissen und fachpraktische Intelligenz zur Lebensführung vermitteln können.

Leitfiguren wie Sokrates oder Lao Tse, denen du in den folgenden Lehrtexten wiederholt begegnen wirst, beschrieben, forderten und lebten selbst die „philosophia" als (wörtlich übersetzt) Freunde der Weisheit. Freilich, manche von ihnen waren tragische Gestalten und scheiterten an und mit sich, an und mit ihren Idealen oder in der mitmenschlichen Gemeinschaft. Auch das Scheitern gehört selbstverständlich zum „Repertoire" der Lebenskünstler, insbesondere der souveräne Umgang damit. Wer ein Leben leben will, muss es zunächst entwerfen, wagen und der Praxis aussetzen. Das fremdbestimmte Leben läuft ab, auch ohne weitgehende Selbstbeteiligung. Das eigene Leben erfordert Engagement, Lebensarbeit.

Du möchtest Fachkompetenz in der Lebensarbeit gewinnen?

Dazu sollen die folgenden 100 Lektionen dienen. Studiere sie aufmerksam.

Wenn dir die Umsetzung nur der Hälfte des Lernstoffes gelingen wird, wollen wir dir jetzt schon versichern, dass du in die noch überschaubare Elite der Lebenskünstler aufsteigen wirst. Dein Leben zu lernen lohnt sich!

Lektion 1: Warten können

Lohnt es sich zu warten? Wie oft stellst du im Alltag, im Leben diese Frage? Worauf wirst du geduldig warten? Auf den Arzttermin, auf den Bus, auf den Sonnenaufgang, auf dein Lebensglück, auf dein Ableben?

Lebenskünstler haben es gelernt, sich abwartend zu verhalten. Sie stellen nicht nur die lästige Tatsache des Wartens fest. Sie wissen, die Zeit als Geschenk anzunehmen. Wie viele Sinneseindrücke gestattet dir der bewusst und erlaubt zur Verfügung gestellte Zeitraum? Versuche das Phänomen „Zeitraum" mehrdimensional zu deuten. Es ist deine Zeit, es sind nahezu unendlich dir angebotene Wahrnehmungsobjekte und Erkundungsräume. Nimm einmal wieder die Lebenshaltung des Kindes an. Du wirst kaum mehr etwas für uninteressant halten. Was verbirgt oder verrät der Gesichtsausdruck der dir gegenübersitzenden Person? Was mag in ihren Gedanken vor- oder zurückgehen? Freut sich dieser Mensch auf eine erwartete Begegnung? Erfüllen ihn Erinnerungen an schöne Erlebnisse? Wie schätzt du seine Gefühlslage ein? Wartet er freudig, gelangweilt, ungeduldig, gereizt …?

Schalte dich selbst zeitlich zurück in frühere Lebensphasen. Kannst du dich noch erinnern, wie du als unaufgeklärtes Kind auf das Christkind gewartet hast? Welche innere Regung vernimmst du, wenn du dir noch einmal die

Minuten vor deinem ersten Rendezvous vorstellst, vor deinen ersten Prüfungen und der Mitteilung der Ergebnisse. Stelle deine eigene Warteliste auf, die du mit Vergangenem auffüllen kannst.

Schalte dann noch einmal um auf die Momente deines gegenwärtigen Wartens. Öffne dich den Sinneseindrücken, die dich jetzt erreichen. Nimm das Spiel des Lichtes wahr und deine Möglichkeiten, sich ihm mit einem Lidschluss zu entziehen. Konzentriere dich auf die Fülle der Töne und Geräusche in deinem „Warteraum". Verbinde sie zu deinen realen Melodien. Erfährst du ein babylonisches Sprachgewirr, die Laute des Lebens, den Gesang des Windes?

Die Aufgabe der Lebenskünstler besteht in den vielfältigen Möglichkeiten, das passive Warten in ein aktives Warten umzugestalten. Sie könnten dann feststellen, dass sie häufig bedauern müssen, wenn ihnen keine Wartezeiten eingeräumt werden. In der abwendbaren Folge eilen sie dann durch ihre Tage und durch ihr Leben.

Vielleicht sind es gerade die Momente des Wartens, des Innehaltens, die unverhofft Sinnerfahrungen ermöglichen.

Lektion 2: Den Augen-Blick nutzen

„Einen Augenblick bitte!" Wie oft begegnest du dieser unbestimmten Zeitangabe im Alltag? Stimmt es dich ärgerlich, wenn aus dem angekündigten Augenblick Minuten oder sogar Stunden werden? Wie ist die Zeitdauer des Augenblicks definiert? Nimmt überhaupt irgendjemand diese vorgegebene Begriffsbestimmung wahr oder ernst? Lebenskünstler nutzen den Augen-Blick im wahrsten Sinne des Wortes. Sie nehmen nicht nur eine Zeitdauer wahr, sondern die in jedem Moment sich bietende Chance, den eigenen Blick erblickend zu schätzen und zu nutzen.

Du kannst dies auf unterschiedliche Weise oder auch experimentierend umsetzen. Hier einige Beispiele:

Schließe deine Augen. Wende deinen Kopf um einen von dir vorgegebenen Grad in eine dem Blick noch verschlossene Richtung. Öffne dann deine Augen und erfasse, vielleicht mit einer prickelnden Neugierde, alles, was dein Blick jetzt einfängt und auf deine innere Leinwand projiziert. Es gibt für dich nichts „Sehensunwertes". Auch den möglicherweise noch wenig aussagekräftigen „Blickfang" füllst du mit deiner momentanen Bedeutung.

Dein Blick vermag zu fesseln. Ihr kann es um deine Blickstärke oder um die des/der anderen gehen. Mit deinem Blick bestimmst du dein natürliches oder künstliches Umfeld und seine sachlichen und kreatürlichen

Gegebenheiten zu deinen Objekten. Nimm deine Betrachtungsfreiheiten an und genieße sie. Was löst der Blick-Kontakt zu den optisch erreichbaren Menschen in dir aus, auch möglicherweise im Betrachteten?

Stelle Phantasiebeziehungen her, gestalte sie wie Frequenzen eines Spielfilms.

Der Augen-Ausdruck der Menschen sendet Signale. Spiele mit deinen Blick-Botschaften. Betrachte dein Spiegelbild: Schaue fröhlich, entspannt, traurig, wütend, ängstlich dich selbst und die imaginären Anderen an. Interessiere dich jetzt für die Blicke der Menschen, denen du begegnest. Lebenskünstler vermögen Blick-Nachrichten zu senden und zu verstehen. Übe den dem entsprechenden Informationsaustausch!

Was nimmst du wahr, wenn sich Blicke treffen?

Erlebe den unaufdringlichen, aber wertschätzenden Blick.

Was löst er in dir und bei den dir Begegnenden aus?

Weißt du die Belohnung durch einen anerkennenden und dich anlächelnden Blick noch zu schätzen?

Gestalte deine Augen-Blicke im weitesten dir erlaubten Sinne.

Lektion 3: Den Count-down üben

Sicherlich kennst du die Startsignale beim Sport und beim kindlichen oder Erwachsenenspiel. Wir zählen ab, am liebsten rückwärts, wegen der erwarteten Spannungssteigerung. Die selbstverständlichen und alltäglichen Handlungen gewinnen an Bedeutung und Beachtung, wenn wir sie mit einem Count-down verknüpfen.

Lebenskünstler üben dieses Ritual in möglichst vielen Lebenssituationen ein:

5-4-3-2-1-0, du wirst jetzt die Augen schließen und für wenige Sekunden oder Minuten abtauchen in deinen eigenen Körper. Du willst und wirst erfahren, wie du leibst und lebst, wie du atmest, wie du pulsierst, wie du über den gerichteten Appell deinen Blutfluss steuern oder die An- und Entspannung deiner Muskulatur beeinflussen kannst.

5-4-3-2-1-0: Beginne möglichst viele deiner Alltagshandlungen mit einem bewussten Start. Du bereitest dich mit einem Count-down auf die Einnahme einer Mahlzeit oder auf den Genuss eines Getränkes vor.

Du spürst z. B., wie deine Speicheldrüsen und deine Sinne sich auf das Angebot vorbereiten.

Du übst den bewussten Beginn und erlebst, wie häufig du an nur einem Tag anfangen darfst und kannst.

Du magst mit einem Startsignal deine Lieblingsmusik einschalten oder wie ein Kind beim Versteckspiel die

Freude des Suchens und Findens genießen.

Warum willst du den Count-down nur auf wenige Ereignisse im Jahr beschränken? Darf die Zeit bis zum Öffnen der Geburtstags- oder Weihnachtsgeschenke oder zur Silvesterverabschiedung des alten Jahres nicht vervielfacht werden?

Könntest du denjenigen, die du gernhast, oder die du liebst, mit dem Verdecken der Augen und der zählenden Annäherung an das Überraschungsziel auf einfache Weise Glücksmomente bescheren?

Du darfst dir auch über ein Count-down neue Lebensziele verordnen: 5-4-3-2-1-0, ab jetzt nehme ich mir mehr Zeit für die Kontemplation und für die erfüllende Betrachtung.

Ab jetzt will ich mich nicht mehr ablenken lassen durch die Fülle der externen Reize und Handlungsaufforderungen. Ab jetzt will ich so oft wie möglich „Ich" sein. Lebenskünstler nutzen den Count-down, um sich selbst und andere mit dem Leben zu überraschen.

Lektion 4: Zu Abflügen ins Leben bereit sein

In dem bekannten Märchen „Der kleine Häwelmann", das Theodor Storm 1849 für seinen Sohn schrieb, unternimmt der Held der Geschichte eine abenteuerliche Reise. In seinem Roll-Bettchen, das Nachthemd zum Segel umfunktioniert, fliegt er auf einem Lichtstrahl zum Mond. Dieser leuchtet ihm bereitwillig den Weg aus, auf der Fahrt durch die dunkle Nacht ... bis er das Sternenzelt erreicht. Häwelmann ist ein trotzig-neugieriges Kind. Der kleine Bursche kennt keine Gefahren. Er will erfahren und unbegrenzt seine Träume erleben.

Könntest du dir vorstellen, dich auf ähnliche Phantasie-Abenteuer einzulassen? Lebenskünstler stellen sich häufig den angeblichen Gesetzen der Realität entgegen. Sie setzen ihre gesamte Vorstellungskraft ein, um sich ihre eigene Welt zu konstruieren und sich bisher ungeahnten Erfahrungen zu stellen. Phantasie setzt Kreativität frei und gestaltet sie um, zu wunderbaren, manchmal auch wundersamen Bildern und Erlebnissen. Das griechische Wort Phantasie lässt sich auch als „Traumgesicht" übersetzen und das darfst du wörtlich verstehen: Bereite dich im Tagtraum auf andere Sicht- und Wahrnehmungsweisen vor. Beginne jetzt wie der kleine Häwelmann mit den Abflugvorbereitungen für den Start in eine Traumwelt. Schüre deine Neugierde und deinen Tatendrang. Überlasse dich den nicht zufällig wechselnden Bildern und Eindrücken deiner Imagination.

Fühle dich leicht und überwinde die Anziehungskraft der Erde.

Erlaube dir, wie ein Adler oder wie ein lautloses Segelflugzeug zu fliegen.

Du erfährst das beglückende Gefühl der Schwerelosigkeit.

Du steigst auf in schwindelnde Höhen.

Du blickst herab auf die unscheinbare Kleinheit der Dinge.

Du entfernst dich von allen scheinbaren Problemen. Lebenskunst kannst du dann als Erhabenheit verstehen.

Du bewegst dich weg von engen Rollenvorgaben und Rahmensetzungen. Du befreist dich von den Fesseln der Bodenständigkeit.

Du genießt die Freiheit über den Wolken des Alltags.

Welche Abflugwege willst und wirst du wählen? Möchtest du auf einer Schäfchenwolke bequem wie in einem Ohrensessel Platz nehmen? Willst du dich vom immerdauernden Wärmeangebot der Sonne auf ihren Strahlen nach oben ziehen lassen? Buche deine alternative Flugreise!

Lektion 5: Dein Narrativ als Selbstkonstrukt

Willst du dir selbst deine Geschichte erzählen? Das lateinische Wort „narrare" darfst du übersetzen mit „von dir selbst reden, erzählen, wer du bist und wie du der wurdest, der du bist". Du erfindest dich in deiner Erzählung selbst, wann immer du willst und wie immer du dich gestalten möchtest. Gehe davon aus, dass du Wahres über dich berichten möchtest. Du willst weder dich selbst noch andere belügen. Deine Schilderungen sollen für dich in vielfacher Weise Sinn stiften. Du bist stets die Person, zu der du dich selbst bekennst. Beginne also mit deinem Start ins Leben. Willst du deine Existenz mit dem Tag deiner Geburt annehmen, oder willst du schon zu deinem vorgeburtlichen Werden in Beziehung treten? Gib dem Datum, an dem du das Licht der Welt erblickt hast, deine individuelle Bedeutung. Es ist der Geburtstag eines wichtigen Menschen! Lebenskünstler schätzen sich selbst vom ersten Atemzug an. Vollziehe dann die Besonderheiten deiner frühen Jahre in der Kindheitsgeschichte nach. Warst du ein neugieriges Kind, das schon früh die Welt erforschen wollte? Welche Weichen für dein Leben hast du schon früh gestellt? Gib dir Antworten auf die Frage „was oder wie wollte ich schon immer sein?"

Richte in diesem Sinne deine bisherige Biografie auf deine Selbstdeutungen aus. Hast du deinem Narrativ folgend konsequent gelebt? Beschreibe die zentralen „Events" deines Lebens. Welche tragenden Entscheidungen machen dich aus? Deine Lebenskreativität zeigst du, indem du dein buntes Selbstbild malst. Dein Leben war bisher schon gekennzeichnet durch eine Fülle von Angeboten, etwas aus dir zu machen. Welche Chancen hast du genutzt, welche willst du jetzt noch wahrnehmen? Lebenskünstler verstehen und erleben sich selbst als Hauptfiguren ihres Lebensmärchens. Jedes Märchen enthält eine Sinnbotschaft. Konstruiere deine Botschaft, die du in deinem Narrativ darstellen und umsetzen möchtest. Je mehr und je häufiger du dir gestattest, dein bisheriges Leben als offenes Konstrukt zu handhaben, desto besser wird es dir gelingen, eine Lebenslogik für dich zu finden und deine Lebensphasen als sinnstiftend, aufeinander aufbauend und selbstbezogen zu verstehen.

Darum: Lebenskünstler erzählen (sich) häufig Geschichten von und über sich selbst.

Lektion 6: Und: Was soll das?

Zunächst zwei Fragen, die dich verwirren mögen: Soll dein Leben oder will es sich selbst? Verstehst du dein Leben ab- oder auslaufend, subtraktiv oder additiv? Du brauchst Unterstützung, um Antworten zu finden? Nimm vorerst einen vitalen Bezug zu dir selbst auf. Erfahre dich atmend, pulsierend, als stetig um Balance bemühtes, sich selbst steuerndes System. In dir arbeitet ein unablässig tätiger Lebenswille, der sich in seinem So-Sein nicht erklären muss. Es atmet dich, es versorgt dich mit Allem, was für dein Überleben erforderlich ist. Alles in dir ist wunderbar geregelt, von der Zusammenarbeit der Organe bis zum Funktionieren der kleinen Baueinheiten deines Körpers.

Es besteht kein Zweifel über deine Startsignale: Du sollst(!), wer oder was immer dich zu existieren veranlasst. In dir entfaltete sich in jedem Moment deines Daseins ein sich selbst setzender Lebensplan, der verwirklicht werden will. Lebenskünstler erfahren sich als Wille zu sein und nehmen dieses wunderbare Geschenk dankbar an. Aus dem „Es will mich" gestaltest du dein „Ich will mich". In diesem Sinne wirst du affirmativ leben.

Du nimmst dich an, ohne weitere Zweifel und Selbstdeutungsversuche. Wenn du jetzt deinen Blick wieder nach außen richtest, kannst du den Selbstwahrnehmungsauftrag erweitern um die vielfachen Möglichkeiten der Welterfahrung.

Der um dich herum sich in jeder Art von Leben äußernde Weltwille erlaubt dir, dich über dich hinausgehend zu bedienen.

Du lebst wie alle anderen Menschen in einem Paradies.

Du hast die freie Auswahl, an den tausendfachen Lebensprozessen beobachtend, vielleicht auch sinnverbunden teilzuhaben. Mach dir mit einem einzigen Hilfswort klar, was du ergreifen oder auch begreifen kannst.

Benutze so häufig wie möglich das eröffnende „Und".

Dein Leben kannst du dann immer und überall additiv gestalten.

Du gibst dich unersättlich, fragst immer wieder „und?"

Du willst deine Existenz auffüllend und nicht ablebend verstehen.

Wann immer du willst, erfährst du die Unerschöpflichkeit des „Und".

Lektion 7: Sorge dich

Ein bekannter Bestseller trägt den Titel „Sorge dich nicht - lebe". Der Bedeutungsgehalt des Phänomens Sorge als behindernder Lebensfaktor wird hervorgehoben. Wer sich sorgt, lebt wenig genussvoll, entwickelt eher Ängste als Glücksgefühle. Die Lebensperspektive bedroht. Die Niederlage und der Niedergang müssen verhindert werden.

„Sorge dich" steht hier jedoch als Appell. Kümmere dich um dich selbst, sonst wird es dir schlecht gehen. Hier erkennen Lebenskünstler die Wendepunkte der Sorge um und für sich selbst. „Sorge für dich – lebe"! Was verstehst du unter einer ausreichenden oder besser guten Selbstfürsorge? Lebenskünstler erstellen To-Do-Listen, die sie regelmäßig überprüfen. Die Sorge ist die notwendige Konsequenz aus der Tatsache unserer Endlichkeit. Indem du dich um dich selbst kümmerst hinterfragst du die vorgegebenen Routinen und Stereotype deines Alltags.

Du verlässt das Hamsterrädchen und machst dich selbst zum Thema.

Du versuchst in der ersten Person zu denken, zu reden und zu handeln.

Du verstehst dich als „Ich" und nicht als „man".

Du lebst im Aktiv des Selbstentwurfs und nicht im Passiv, fremdgesteuert und ausgeliefert zu sein. Als Objekt der

Sorge bist du dein eigenes Kind, das Nähe und Wärme braucht.

Du darfst dich selbst loben, wenn du deine Ziele erreicht hast.

Du darfst aber auch deine Emotionen ausleben, deine Traurigkeit oder deine Entrüstung zeigen, vielleicht auch Luftsprünge der Freude vollführen.

Lebenskünstler sorgen für sich und dürfen besorgt sein um ihr Wohlbefinden.

Sie gestatten dies auch allen, denen sie im Alltag begegnen. In dieser Hinsicht denken und handeln sie altruistisch, nicht egoistisch.

Sie betrachten die Sorge als Basishaltung eines bewusst angenommenen und übernommenen Lebensauftrags.

Daher werden Lebenskünstler den eingangs zitierten Buchtitel geringfügig, aber bedeutend ändern und aus der Negation eine Position entwickeln: „Sorge dich – lebe".

Lektion 8: Überraschungen

Kinder lieben Überraschungen jeder Art. Die Eltern offerieren mit einem „Trara", ein neues Spielzeug oder eine nicht eingeplante Aktivität, in der Regel begleitet von einem infantilen Jubelschrei. Die Struktur der Vorhersehbarkeit wird durchbrochen oder gar aufgehoben. Unerwartetes verändert Grundstimmungen und verschafft neue Zufriedenheitsräume. Auch Erwachsene sollten sich immer einmal wieder überraschen lassen oder selbst Überraschungsmomente häufiger zulassen. Der Alltag öffnet jedem jederzeit eine Fülle von Gelegenheiten. Lebenskünstler „planen" Überraschungen, so paradox dies zunächst klingen mag. Hierzu einige Anregungen: Wenn du einen Tag Zeit hast, begibt dich zum nächsten Bahnhof, wähle per Zufallsauswahl einen Zielort und beginne dort eine Entdeckungsreise. Du könntest auch dein Reiseziel nach einem von dir bestimmten Auswahlmodus bestimmen lassen. „Heute werde ich am 7. erreichten Bahnhof aussteigen und dort die Stadt/die Region erkunden." Wenn du mit dem Auto unterwegs bist, lasse die bewältigte Fahrstrecke entscheiden: „Nach 150 km steuere ich den nächsten erreichbaren Zielort an."

Vielleicht möchtest du dich auch von Menschen überraschen lassen. Am wenigsten aufdringlich erscheint der Blickkontakt. Du schaust die dir Begegnenden offen und freundlich an, schickst ein eröffnendes Lächeln als Botschaft, statt mit fern-gerichtetem Blick an den Mitmenschen vorbeizueilen. Du kannst auch ein nicht alltägliches Experiment wagen. Denen, die auf übliche Weise Kontakt zu dir aufnehmen (Verkäufer, Busfahrer, Briefträger etc.), bietest du eine Erfahrensbegleitung an. „Wissen Sie, heute habe ich den Tag unter der Überschrift Überraschungen gestellt. Ich werde in jeder Situation neugierig, aufmerksam und dankbar sein über Ungewöhnliches." Die Palette der Reaktionen wird vielfältig gefärbt sein: Ein Lächeln, statt des geschäftstüchtigen neutralen Gesichtsausdrucks, ein kurzes Gespräch, vielleicht ein eher ungewöhnliches Kurzzeitbeziehungsangebot. Lebenskünstler halten auch selbst Überraschungsobjekte vor. Sie bieten dem Hustenden ein Bonbon an, dem Suchenden die helfende Hand. Überraschungen bieten mehr Lebensfreude, wenn sie sich teilen und mitteilen lassen.

Lektion 9: Stumme Schreie

Müssen Schreie laut vernehmbar sein? Kannst du dir stumme Schreie vorstellen?

Wenn du den Menschen, denen du im Alltag begegnest, intensive Aufmerksamkeit schenken wirst, wie und wo wirst du ihr Rufen wahrnehmen? Übe deine Achtsamkeit in dem du in die Gesichter der dir Begegnenden schaust. Achte besonders auf die Ringmuskulatur der Augen und des Mundes. Diese Muskelgruppen bestimmen weitgehend unseren spontanen Gefühlsausdruck. Vielleicht kennst du das Gemälde „Der Schrei" von Edvard Munch. Mit wenigen Linien wird ein kompletter emotionaler Zustand demonstriert, unverkennbar für jeden, der das Bild betrachtet.

Suche und erkenne in deinen üblichen sozialen Bewegungsräumen lautlose mimische Botschaften der Freude, der emotionalen Erregung, der Verbitterung, der Gelassenheit oder der Selbstzufriedenheit. Du wirst interessierter und intensiver mit deinen Sinnen unterwegs sein. Wahrscheinlich wirst du auch mit mehr Verständnis und Akzeptanz auf andere reagieren, wenn du es verstehst, die nonverbalen Botschaften zu deuten. Lebenskünstler begreifen sich als Dolmetscher. Sie sind fasziniert von der fremden, doch ihrem Empfinden so nahen Körpersprache der Menschen, mit denen sie zusammentreffen. Sie leben aber auch immer innen-orientiert, wenn sie dies möchten. Sie wollen wissen, was in ihnen selbst danach verlangt und um Aufmerksamkeit schreit, sich selbst Beachtung zu schenken. „Lebe ich mein Leben oder verhalte ich mich wieder wie so oft außen-gesteuert?"

Du nimmst in dir die erweiterte Körpersprache deines Gefühls wahr. Wohin projizierst du deine Ängste, deine Wut, dein Wohlbefinden? Welche Rückmeldung darfst du erwarten? Erfährst du Botschaften in dir und aus dir heraus, die dir Wege weisen, dich selbst zu finden? Lebenskünstler suchen und finden den Einklang mit sich selbst. „Ja, so ist es gut! Ich habe meine leiblichen Nachrichten verstanden." Korrekturen durch den Verstand und die Vernunft sind nicht erforderlich. Sie verfälschen möglicherweise die Resultate deiner inneren Dialoge.

Lebenskünstler lieben die intuitive Vernunft, die sogenannte „Bauchentscheidung".

Sie nehmen die lautlosen eigenen Schreie wahr, die eindringlich zur Selbstorientierung auffordern: Vergiss deinen individuellen Auftrag nicht! Kehre in dich selbst ein! Um das Orakel zu befragen, musst du nicht nach Delphi reisen. Du trägst deinen Ratgeber in dir.

Lektion 10: Nichts zu lachen, oder ...?

Willst du dir einmal bewusst machen, wie oft du an einem Durchschnittstag deines Lebens lachst? Du könntest die Aufgabe ernst nehmen und zunächst statistisch angehen. Lege eine Lach-Strichliste an, falls du es anspruchsvoller magst, führe ein Lach-Protokoll. Wann, aus welchem Anlass, mit welcher Dauer hast du gelacht? War dein Lachen spontan? War es als Mitlachen zu verstehen, aus Rücksicht auf die anderen. Man will die Stimmung nicht verderben. Kennst du ein verzweifeltes, ein gequältes, ein spöttisches oder ein zynisches Lachen? Führe dir die entsprechende Situation vor Augen, die du erinnerst. Gibt es deiner Ansicht und Erfahrung nach Lebenslagen, in denen jede Art des Lachens verboten oder Lachen in spezifischer Weise geboten ist?

Lebenskünstler kennen keinen „lachfreien" Raum. Sie begleiten jeden Anlass mit einer Heiterkeit des *Seins*. Der heitere Mensch lässt sich von der scheinbaren Tragik des Alltags wenig beeinflussen.

Er drückt durch jeweilige Grade seines Lachens sein Bekümmern aus. Er zeigt sich lächelnd, befreiend oder mitreißend lachend. Hast du schon einmal erleben dürfen, dass Lachen ansteckend sein kann wie eine Infektion?

In Indien und vereinzelt auch schon in den westlichen Kulturländern laden Lach-Yoga-Clubs zur Teilnahme und zur Mitgliedschaft ein. Es wird dir wahrscheinlich nicht gelingen, inmitten der Lachenden ernst zu bleiben. Du weißt nicht, was die Gründe der Heiterkeit der Menschen um dich herum sind, brauchst und willst auch gar keine Erklärung. Du lachst mit, weil du mitexistierst, mitatmest, mitschwingst. Lebenskünstler vermögen sich der Leichtigkeit des Seins hinzugeben, sich tragen zu lassen. Die beglückende innere Heiterkeit ist ein Grundprinzip der buddhistischen Philosophie, ebenso der späten römischen Denker. Sie stellt ein Fundament der Gelassenheit dar. Dem heiteren Menschen zeigt das Leben nur wenige Hindernisse auf. Er überwindet scheinbare Blockaden oder Niederlagen auf seine Weise, lächelnd oder auch mit einem befreienden Lachen. Darum, Lebenskünstler verstehen sich als „Narren des Alltags". Sie stehen damit über den Dingen, die anderen das Leben schwerzumachen scheinen.

Lektion 11: Connect yourself

Verstehst du diese Überschrift? Wörtlich übersetzt müsste es heißen: Verbinde dich,

freier formuliert: Suche die Anbindung.

Wahrscheinlich wirst du nach dem Sinn dieser Aufforderung fragen. Zu wem oder was solltest du den Kontakt suchen? Ist die Bedeutung sozialer Netze gemeint, wenn du Bindungslosigkeit verhindern sollst? Prüfe daher zunächst die Dimensionen und Ausrichtungen.

Findest du innere Bindungen und wo wirst du sie und dich fixieren?

Suchst du Anbindungen über dich und deine körperlichen, geistigen und seelischen Grenzen hinaus? Falls ja, was verstehst du unter der Relevanz des Absoluten?

Gehst du von vorgegebenen Sinn- und Zwecksetzungen aus, die du erkennen kannst und respektieren willst?

Psychologen würden dich möglicherweise nach deinem Bindungstypus fragen.

Erlebst und fühlst du dich sicher oder unsicher, labil oder stabil gebunden?

Was bedeutet deine Zuordnung zu einem dieser Charaktere für deine Biografie, für deine Selbstentwürfe und für deine dich antreibenden Bedürfnisse?

Lebenskünstler gehören zu den kreativen Bindungstypen.

Sie suchen multidimensional nach Verknüpfungs-möglichkeiten ihrer Lebensentwürfe.

Sie richten ihre Lebensenergien wie eine zentrifugal pulsierende Licht- und Kraftquelle aus.

Sie erreichen auf diese Weise immer wieder neue Kontaktpunkte.

Sie vernetzen ihre Sinn- und Handlungsmuster mit untergeordneten, gleich- und übergeordneten Systemen.

Sie prüfen die Logik der Bündnisse, genießen aber auch die emotionalen Dimensionen, die Tiefe, Weite, Intensität und metaphysische Bedeutung ihrer Bindungs- und jeweiligen Selbst- und Weltentwürfe.

Lebenskünstler verstehen die unerschöpflichen Anfragen und Aufträge an sich selbst als mannigfache Möglichkeiten der über sich hinausweisenden Verankerung.

Wenn sie ihren „Sinn-Anker" auswerfen, finden sie Fixierungspunkte sowohl in den Tiefen wie in den Untiefen der Existenz. Endgültige Entscheidungen werden sie jedoch niemals oder nur selten treffen.

Sie werden zeitlebens Bindungssuchende bleiben und sich nicht ideologisch festschreiben lassen.

Lektion 12: Lebe ehrfürchtig

Das Wort „Ehrfurcht" gehört zu den in der heutigen Zeit eher selten gebrauchten Vokabeln. Meist wird es mit religiösen Vorstellungen und Ritualen verbunden. Nicht selten wird es auch antiquierten politischen Haltungen in autokratischen Systemen zugeordnet. Es mag sich dann berechtigte Gegenwehr zeigen gegen Unterwerfungsverhalten und Untertanengeist. „Nein, wir wollen und werden keine Herrscher mehr verehren. Wir werden kritisch selbstbestimmt leben."

Vielleicht sollten wir einer modernen Form der Ehrfurcht die Wege der theoretischen und praktischen Vernunft öffnen. Ausgehen könnten wir von Albert Schweitzer und seine Forderung nach einer „Ethik der Ehrfurcht vor dem Leben". Seine zentrale und weitgehend bekannte Kernaussage lautet: „Ich bin Leben, das leben will, inmitten von Leben, das leben will." Von Schweitzer wird die Anekdote berichtet, dass er seinem ihm ergebenen Diener eine Ohrfeige gegeben haben soll, als dieser eine Mücke in Schweitzers Schlafzimmer getötet hatte. Auf die Entschuldigung des Dieners, dass er doch seinen Herrn habe schützen wollen, soll Schweitzer mit seiner bekannten Ehrfurchtshaltung geantwortet haben. Der Diener hätte seinen Herrn durch die Installation eines Mückennetzes schützen können und auf diese Weise das Leben der Mücke nicht beenden müssen.

Lebenskünstler übernehmen diese Grundhaltung zur Schöpfung. Sie haben es nicht verlernt, wie Kinder die Wunder der Natur zu bestaunen. Sie betrachten mit Faszination die bis ins kleinste Detail funktionierende Lebensfülle. Nichts wird sie dazu bringen, mutwillig und unnötig zu zerstören. Wenn du an diesem Gefühl teilhaben willst, mit allem Lebendigen vereint zu sein, lerne zunächst die ehrfurchtsvolle Kontemplation. Der Betrachter tritt um ihrer selbst willen in Beziehung zu den ihm begegnenden Phänomenen. Er möchte deren Eigenständigkeit und Eigenstruktur erhalten wissen und sie nicht zu seinen Zwecken und zu seinem Nutzen verändern.

Wenn du es gelernt hast, ehrfürchtig die Co-Existenz zu genießen, wirst du andächtig und grandios ergriffen z. B. die majestätische Größe und Lebensfülle eines Baumes wahrnehmen. Welche Bedeutung wird im Vergleich dazu noch der tote Baum besitzen, der aus seinem Holz gefertigte und zu menschlichen Zwecken gebaute Schrank, Tisch oder Stuhl.

Der Lebenskünstler kann sich keine Ehrfurcht vor einem Möbelstück vorstellen.

Lektion 13: Sei überall Zuhause

Fast alle Menschen wünschen sich ein sicheres und gemütliches Zuhause. Wie dieser Wunsch aufzufüllen ist, hängt von den jeweiligen Bedürfnissen, aber auch vom Zeitgeist und von kulturellen Prägungen ab. Zur modernen Couchgarnitur gehören ein 3-Sitzer, ein 2-Sitzer und mindestens 1 Sessel, dies war die unhinterfragte Einstellung hinsichtlich der Möblierung des Wohnzimmers unserer Eltern. Wenn der erreichte Komfort dann noch stolz vorgezeigt werden konnte („die gute Stube"), war die Zufriedenheit vollkommen, ein allseits akzeptierbares Zuhause zu besitzen. Du magst dich zu Recht fragen, ob du dein Zu-Hause-Sein nicht anders definieren müsstest. Soziologen benutzen den Begriff der „symbolischen Ortsbezogenheit". Nicht besonders auffällige Gegebenheiten werden mit einer individuellen Bedeutung besetzt: Die Baumgruppe, unter der du mit den Nachbarskindern spieltest; der typische Heimatgeruch, der dich nach dem Öffnen der Haustür zu Hause empfängt; der mit einfachen Mitteln liebevoll gestaltete Partykeller, in dem du erste zarte Bande zum anderen Geschlecht knüpfen durftest etc.

Lebenskünstler gestalten ihr Heimatbild mit vielen Mosaiksteinchen der Erinnerung, vielleicht der nostalgischen Sehnsucht. Sie machen sich unabhängig von Vorzuzeigendem oder von Moden. Das Zuhause der Lebenskünstler

besteht weniger aus Gegenständen und Ausstattungsele-
menten seiner Lebenswelt. Er begreift es als Verbunden-
heitsgefühl, als Angekommen-Sein. Demnach gelingt es
ihm problemlos, die gängige „My Home is my Castle"-
Ideologie zu überwinden. Sie brauchen keine immanenten
Sicherheitszonen, um sich wohlzufühlen. Wichtig sind
ihnen menschliche Faktoren. Sie sind dort Zuhause, wo
man sie schätzt und wo sie selbst auf die Menschen zuge-
hen können. Ihr Zuhause ist dort, wo sie sich sozial und
seelisch geborgen fühlen, wo sie im wörtlichen Sinne das
Wohnen als „In-ihrer-Welt-Sein" erleben.

Du solltest diese Erfahrungsebene suchen, wenn du
auch außerhalb deiner persönlichen Enklaven zu Hause
sein möchtest. Die Lebenskunst besteht darin, sich zu vielen Zeiten und an vielen Orten häuslich einrichten zu können.

Du solltest Begegnungen symbolisch besetzen und Erfahrungen für dich häuslich ausgestalten: Dies ist dein
Stadtteil, dein Café, dein Park, deine Buslinie, dein En-
semble von Menschen und Gemeinschaftsleben.

Du kannst dann geheimnisvoll lächelnd behaupten,
dass du, wann immer du es nur wünschst, dein Zuhause
finden kannst.

Lektion 14: Lebe wirklich

Es gibt Redewendungen, die unbedacht genutzt werden. Werden sie von aufmerksamen Zeitgenossen hinterfragt, gelten diese nicht selten als Kritikaster oder unbeliebte „Oberlehrer". Einer dieser typischen, zu jeder sich bietenden Gelegenheit genutzten Sätze ist die Kurzantwort und gleichzeitig als rhetorische Frage verstandene Formel: „Ach wirklich?" Wer auf diese Weise Interesse am Anderen äußert, der wird als Gesprächspartner geschätzt, zeigt er doch scheinbar Anteilnahme an Fremderzählungen und in Wirklichkeit eher langweilenden Berichten.

Worauf der ernst gemeinte Kommentar „ach wirklich" ausgerichtet ist, wird nur nach gezielter Reflexion bewusst. Es geht um die konkrete und je spezifische Reduktion des Möglichen. Aus der Fülle der Realisierungschancen bestimmter Lebensvollzüge wird eine gewollte Verwirklichung gewählt. Sie stellt ein existenzielles „Filtrat" dar. Gerade deshalb ist das gezielte Interesse an der Wirklichkeit der anderen nachvollziehbar und gerechtfertigt. Du willst wissen, was Andere für bedeutend und lebensnotwendig halten. Du willst dich vergleichen und ggf. verändern.

Lebenskünstler sind neugierig auf das Leben der Anderen. Sie stellen sich und ihre Selbst-Wahl zur Disposition:

„Schaut wie ich mich und meine Möglichkeiten hier und jetzt verwirkliche. Ich will euch Anteil haben lassen. Ich möchte aber auch eure Entscheidungen erkennen und verstehen."

Im Austausch der Verwirklichungsstrategien wollen wir Wissen und Handlungsmuster erwerben, auf- und ausbauen. Lebensenergien „be-wirken"!

Sie sind niemals statisch oder auf reine Strukturerhaltung ausgerichtet.

Darum leben Lebenskünstler wirksam.

Sie möchten auswirkend, mitwirkend und verwirklichend existieren.

Deshalb bestehen sie darauf, wo und wann immer es möglich ist, tätig zu sein.

Sie wollen ihren Lebensräumen ihre eigene Wirklichkeit abgewinnen und sie dementsprechend gestalten. In der Vorwegnahme des unvermeidbaren Abschieds aus dem individuellen Leben wollen sie Wirkung gezeigt haben.

Sie sind bestrebt, den Jahren, die sie erleben dürfen in ihrer Lebenswelt, eine persönliche Prägung zu geben.

Auf diese Weise hinterlassen sie eine Wirkung, unabhängig von der Zahl der Menschen, mit denen sie in Beziehung getreten sind.

Daher folge dem Leitsatz der Lebenskünstler: Lebe wirklich.

Lektion 15: Nichte dein Leben

Auf der Suche nach dir selbst siehst du dich bei logischer Betrachtung der Ausgangslage mit einem immanenten, scheinbar nicht auflösbaren Problem konfrontiert: Du kannst dich nicht selbst zum Gegenstand deiner Selbstbetrachtung bestimmen.

Der analysierende Mensch benutzt seine Verstandes- und Vernunftkategorien, um die Welt zu verstehen.

Aber: Kann sich die Vernunft über die Kategorien des eigenen Denkens erheben, die sie für ihre geistige Arbeit braucht?

Wie, wenn nicht über die Einschätzung und Rückmeldung der Anderen kommst du dann kognitiv an dich selbst heran?

Du wirst dich letztendlich nicht selbst in deiner Grundstruktur erfassen und beweisen können. Das „Ich denke, also bin ich" des René Descartes suggeriert, dass du auch die Prinzipien und die Ausrichtung deiner Selbst denkend erfassen und dass du dich auf diese Weise abstrakt selbst konstruieren kannst.

Du berücksichtigst dann auf keine Weise deine emotionalen oder deine sozialen Grundverfassungen, die überwiegend deine Bedürfnisse bestimmen. Wenn du also Ich-zentriert und analytisch dein Leben entwerfen willst, könntest du allein schon rein logisch dich selbst verfehlen.

Lebenskünstler wählen daher einen anderen Weg zu sich selbst. Sie beschäftigen sich nicht mit der Konstruktion ihrer Ziele, sie suchen vielmehr die Destruktion vorgegebener Sinn-Inhalte.

Ein bis heute praktizierbares und einleuchtendes Verhalten zeigt Sokrates. Er liebte es, über den Athener Markt zu spazieren, weil er dort so viele Dinge sah, die er nicht brauchte. Sokrates hätte demnach statt der Aufforderung „Entwerfe dein Leben" wahrscheinlich gefordert, das eigene Leben zunächst von vielfältigem Fremd-Ballast zu befreien. Lebenskünstler nichten Lebensansprüche und Lebensentwürfe. Sie entsagen Moden und überprüfen Gebräuche und Gewohnheiten. Ihre häufig gestellte Frage lautet: „Brauche ich das, um zufrieden zu leben?"

Daher begib dich häufiger einmal auf eine „Nichtungs-Tournee". Schaue dich um, was Mitmenschen als Objekte und Verhaltensweisen auswählen, wenn sie ihr persönliches Glück erreichen wollen.

Kannst und willst du diesen Beispielen folgen?

Fertige eine Prioritätenliste deiner Nichtungen an.

Worauf kannst du verzichten, worüber konntest du lächelnd hinwegschauen?

Erst dann schaue hin, was als unbedingt lebenswert für dich übrigbleibt.

Lektion 16: Der rechte Weg

Wanderwege und Lebenswege fordern auf unterschiedliche Weise heraus. Während du vor einer Weggabelung stehst und zunächst nicht weiterweißt, kann ein Ortskundiger dir in der Regel schnell und sicher helfen. Sachverständige für und auf deinem Lebensweg gibt es selten. Sehr wohl erklären sich manche zu solchen und bieten dir diverse Ideologien an, nach denen du dich richten sollst.

Im Vergleich zum befragten Einheimischen, dem du vertrauen darfst, hinsichtlich seiner Ortskenntnis, musst du demjenigen, der dir existenzielle Hilfestellung verspricht, Glauben schenken.

Besser erscheint jedoch die Skepsis oder das Misstrauen angebracht zu sein.

Lebenskünstler reklamieren für sich, immer auf dem rechten Weg zu sein. Sie schlagen die Richtung in ihrem Alltag ein, die sie aus der Momententscheidung heraus für angebracht halten. Ihre Entscheidung begründen sie hier und jetzt. Ihre Rechtfertigung, nach einem möglichen Vorwurf, sich falsch verhalten zu haben, finden und liefern sie häufig im Nachhinein. „Ihr werft mir vor, eine wenig glückliche Wahl getroffen zu haben. Aber wisst ihr das Glück zu schätzen, wenn ihr nicht das Gegenteil kennt?"

Ein Suchender machte sich einst auf den Weg zu einem Weisen, der weit ab vom Gedränge und Lärm der Stadt in den Bergen lebte. Er brauchte lange Zeit, um ihn zu finden. Als er schließlich den Weisen traf, blieb dieser wortkarg und war nur unwillig bereit, mit dem Suchenden zu reden. „Du hast viele Mühen und einen langen Weg auf dich genommen und dies für notwendig gehalten. Also war es der rechte Weg.

Du hast den weisen Menschen gesucht und schließlich dich selbst als Begleiter gefunden. Also wofür benötigst du mich?

Sei von deiner Entscheidung überzeugt, auch wenn du sie infrage stellen darfst.

Du wirst letztendlich die für dich bestimmte Richtung wählen. Und wisse, auch der rechte Weg kann steinig, holprig und steil sein. Die leicht befahrbare Straße muss nicht zu dem Ziel führen, das du erreichen möchtest."

Lebenskünstler nehmen die Worte des Weisen ernst. Sie vertrauen ihm und sich selbst.

Eines wissen sie jedoch sicher: Es gibt viele rechte Lebenswege.

Wer dies abstreitet, verlangt die Unterordnung unter fremde Richtungsvorgaben.

Du solltest dir daher zutrauen, auch für dich zu entscheiden. Die Wegweiser für deinen Lebensweg stellst du selbst auf.

Lektion 17: Respektiere deine Angst

Franz Kafka beschrieb in seiner „Kleinen Fabel" die Situation einer von ihren Ängsten getriebenen Maus. Zunächst fürchtet sie die Weite der Welt, dann die Enge der sie zunächst schützenden Mauern. Schließlich erkennt sie die Ausweglosigkeit ihrer Flucht, als sie vor sich die Sackgasse und an ihrem Ende die Mausefalle wahrnimmt. Zunächst erleichtert, dann entsetzt hört sie eine beruhigende Stimme hinter sich, die sie auffordert, doch nur die Richtung zu ändern und sich umzuwenden. Hinter ihr aber steht der Kater.

Kafka thematisiert mit seiner typisch negativistischen Weltsicht ein Grundgefühl aller Menschen: Die Angst. Ängste gehören zur emotionalen Basisausstattung aller Lebewesen. Sie schützen und retten Leben. Sie bewahren vor Leichtsinn und vor Risikoverhalten.

Hier gilt es zunächst, eine typische Begriffsverwechselung aufzuklären. Ängste sind Gefühle. Daher ist die Frage nach dem „Warum" der Angst überflüssig und nicht verbal beantwortbar. Lediglich die Furcht ist gegenständlich gerichtet. Du kannst dich vor deinem Tod fürchten, wenn du ein schmerzvolles Ende annimmst. Du ängstigst dich vor deinem Tod, wenn du die Ungewissheit danach nicht auffüllen kannst.

Lebenskünstler brauchen und nutzen ihre Angst. Sie

erleben sich aufgefordert, sich mit ihren grundlegenden Konflikten und Verunsicherungen zu beschäftigen. Ihre Ängste auf der Ebene der seelischen Äußerungen die Funktion des Schmerzes im körperlichen Status des Menschen. Sie signalisieren mögliche Fehlhaltungen oder ungesunde Kompensationsmuster.

Lebenskünstler sind mit ihren Ängsten befreundet.

Sie stehen ihnen zur Seite, zeigen ihnen, wo und wie sie sich im Leben ungeschützt oder zu begrenzt einrichten.

Sie erkennen die Dimensionen ihrer Angst: die Weite und die Enge, die Ohnmacht und die Ausweglosigkeit, die Überforderung und die drohende Aufgaben- und Strukturlosigkeit.

Sie nehmen den Aufforderungscharakter dieser Basis-Emotion wahr:

Tu was! Gib dich nicht auf! Entwerfe dich neu!

Daher schäme dich nicht, deine Ängste zu zeigen. Es gibt niemanden, der dieses Gefühl nicht kennt, es sei denn, er ist ein Lügner. Nutze deine Ängste konstruktiv!

Lektion 18: Existiere mit aller Kraft

Heute besitzt der körperbewusste Mensch ein Monats-abonnement für ein Fitness-Studio. Die Wohlproportion soll vorgezeigt werden. Kraftsportübungen führen zum Muskelaufbau, der wiederum Gesundheit und Jugendlich-keit symbolisiert. Zu wünschen wäre, dass neben der kör-perlichen Dimension auch die geistige oder die seelische Dimension Berücksichtigung fände. Hier magst du zu-nächst wissen wollen, wie und wo sich geistige und seeli-sche Kräfte bemerkbar machen. Als Maßstäbe werden gerne die kognitive und die emotionale Intelligenz ge-nannt. Wiederum müsste definiert werden, was darunter jeweils zu verstehen ist. Lässt sich die Kraft des Geistes per IQ-Wert darstellen? Ist die emotionale Stärke mit der Verarbeitungsfähigkeit der Alltagsherausforderungen gleichzusetzen?

Lebenskünstler halten sich nicht mit Begriffs-bestim-mungen auf.

Sie nutzen und leben ihre ihnen geschenkten Kräfte und Lebensenergien.

Sie stellen ihre Existenz unter einen Navigationsbefehl: „Alle Kraft voraus."

Sie schätzen die Offenheit ihrer Perspektiven. Nichts soll und kann sie bremsen oder aufhalten, außer sie be-schließen dies selbst.

Sie erkennen ihren Willen als Streben nach rationaler

und psychischer Weiterentwicklung. Die somatische Unversehrtheit und Stärke dienen ihnen eher als Vehikel und Voraussetzung, um auf andere Weise tätig sein zu können. Lebenskünstler „ek-sistieren". Dieses Wort gebrauchte Martin Heidegger, um die Bedeutung jedes einzelnen Menschen als verbindendes Element zwischen dem Sein und dem individuellen Seins-Auftrag zu verdeutlichen.

Wenn du diesen Appell verstehst und als Lebensaufforderung annehmen willst, dann schaffst du es, intellektuell und emotional kraftvoll zu leben.

Du darfst dann jeden deiner Tage als dir zum persönlichen Entwurf und Erleben freigegeben verstehen.

Du darfst mit Entdeckungseifer, aber auch mit kindlicher Freude leben. Erfahre, dass du weitaus stärkere Kräfte in dir zur Verfügung hast als die körperliche Stärke.

Du vermagst es, mit deinen sprühenden Ideen, mit deiner ansteckenden Vitalität und dem Fächer der dir geschenkten Emotionalität andere mitzunehmen, auf Ausflüge in viele unbekannte Regionen ihrer Existenz.

Nutze bzw. benutze dich umfassend selbst!

Lektion 19: Lebe deinen Trotz

Viktor Frankl, der Wegbegleiter der sinnorientierten Psychotherapie (Logotherapie) veröffentlichte 1946 eine viel beachtete Schrift mit dem Titel „Trotzdem ja zum Leben sagen". Er teilte der menschlichen Vernunft eine besondere Aufgabe zu, in dem er ihr als besondere Fähigkeit die „Trotzmacht" des Geistes übertrug. Frankl wusste selbst genau, worüber er redete und schrieb. Er war Jude und hatte nahezu seine gesamte Familie in den Konzentrationslagern der deutschen Nationalsozialisten verloren. Er erlebte sich im existenziellen Vakuum. Er sah sich vor der kaum zu bewältigenden Aufgabe, sein Leben aus dem existenziellen Nichts neu zu begründen und zu gestalten. Hier wusste er vor allem die oft übersehene, häufig vergessene emotionale Kraft des Trotzes zu aktivieren.

Du magst diesen Gefühlsausdruck am ehesten dem kindlichen Verhalten zuordnen. Wir reden vom trotzigen Kind oder vom Trotzköpfchen. Mache dir deutlich, dass die sogenannte Trotzphase in der kindlichen Entwicklung das erste Individuationserleben des Heranwachsenden widerspiegelt. Empfindungen und Bedürfnisse des Kindes werden den Regeln der Eltern entgegengesetzt. Im Trotz kommt das Eigene zum Ausdruck. Der Trotz stellt die emotionale Basis für den Selbstentwurf und für das Selbstbewusstsein dar. Lebenskünstler trauen sich in diesem

Sinne auffällig und widerwillig zu sein. Sie halten sich u.a. an eine Äußerung von Kurt Tucholsky, der kritisch anmerkte, dass derjenige, der Anstöße vermitteln will, auch anstößig sein darf. Hier haben scheinbare Verhaltensauffälligkeiten durchaus ihre Daseinsberechtigung, da sie Struktur vermitteln und die Um- und Neuorientierung fordern.

Viktor Frankls Begriff der Trotzmacht lässt sich auch aktuell mehr als zuvor verwenden und in individuelle und politische Forderungen umsetzen. Historisch große Geister haben dies vorgelebt: Mahatma Gandhi, Martin Luther King, Nelson Mandela und andere.

Lebenskünstler beweisen sich hier selbst auch als politische Menschen. Sie unterwerfen sich nicht willenlos der Macht der Systeme. Sie begehren auf, suchen den Schulterschluss mit Gleichgesinnten, zeigen ihre Empörung und ihren Trotz. Sie scheuen sich nicht, aufzuschreien, die Faust zu ballen und wie ein emotional erregtes Kind mit den Füßen aufzustampfen. Aus den Trotzköpfchen sind Trotzköpfe geworden. Ihre Lebenskunst projizieren sie in Widerstände gegen Kräfte, die ihre Eigentlichkeit begrenzen und unterdrücken.

Lektion 20: Frei wie ein Vogel

Hast du schon einmal die Vögel des Himmels beneidet? Scheinbar ohne große Mühen und schwerelos steigen sie in die Lüfte auf, lassen sich von Strömungen tragen und gleiten wie Surfer auf atmosphärischen Luftwellen. Sie scheinen ihre Bewegungsfreiheit voll zu genießen und lassen sich in der Regel weder aufhalten noch einfangen.

Von Menschen zum Käfigdasein gezwungen, haben sie ihre Bestimmung verloren und dürfen nicht mehr das Leben erwarten, das ihnen ausgehend von ihrer natürlichen Ausstattung zusteht.

Wie steht es aber mit der Freiheit des Menschen? Auch in der humanen Welt leben Freie neben Unfreien. Die Käfige der Menschen sind unterschiedlich und vielfältig gestaltet. Menschen können als Sklaven ihrer Herren, der Systeme oder des Geldes leben. Oft bemerken sie nicht einmal das Faktum ihrer Freiheitsberaubung und sind mit dem eingeschränkten Lebensstatus zufrieden. In den Epochen der Freiheitsbewegungen revoltierten die Beherrschten gegen unzumutbare Verhältnisse. Sie wussten, was sie nicht mehr tolerieren wollten. Sie konnten das „Wovon" der Freiheit erkennen und häufig kämpferisch ihre Befreiung erreichen. Aus ihren Käfigen freigesetzt, müssen die Befreiten jedoch Antworten auf die Fragen finden, wofür sie jetzt frei sind und wovon sie frei sein wollen. Finden sie keine erfüllende Antwort auf das „Wofür", dann streben sie nicht selten wieder frühere Verhältnisse an. Die Sinnlosigkeit droht. Dementsprechend formulierte Jean Paul Sartre den bekannten Satz: „Der Mensch ist zur Freiheit verurteilt."

Er lebe mit der ständigen Gefahr des Scheiterns und der Absurdität seines Daseins.

Lebenskünstler wissen ihre Freiheit zu schätzen. Sie erleben und genießen es, als Freigelassene der Natur selbst ihr Leben zu gestalten und nach ihren Bedürfnissen aufzufüllen. Sie halten es nicht für nötig, tagtäglich oder lebenslänglich ein „Wofür" der Freiheit zu definieren. Sie haben ihre Freiheiten und sie sind frei, auch von selbstverpflichtenden Zielen und Zwecken. Mit jedem Atemzug öffnen sich ihnen nahezu unendliche Freiräume ihres Lebens auf je ihre eigene Weise. Damit negieren Lebenskünstler keinesfalls notwendige Aufgaben, die ihnen der Alltag stellt. Sie entwickeln jedoch ein spezifisch anderes Rollenverständnis. Alles, was ihnen an Leistungen abverlangt wird, erledigen sie auf ihre Art.

Wenn du diese Einstellungen für dich umsetzen willst, solltest du dir für jede deiner Tätigkeiten deine Möglichkeiten der freien Ausgestaltung bewusst machen. Du wirst zu keinem Moment und in keiner Situation mit der vollkommenen Unfreiheit konfrontiert werden. Lebenskünstler eröffnen und erschließen sich ihre eigenen Freiheiten.

Lektion 21: Du bist ein Original

Vor allem Jugendliche, aber auch immer mehr modebewusste Erwachsene legen Wert auf Originale. Sie erkennen auf den ersten Blick sogenannte „Fakes". Nachahmerprodukte und deren Träger werden mit Missachtung bestraft. Er/Sie kann sich Echtheit nicht leisten!

Wer genau hinschaut, erlebt jedoch ein Paradoxon: Die Verfechter der Originalität sind keineswegs selbst Originale. Man zeigt „den Leuten" vor, was „in" ist, trifft in der Masse Mensch aber auf Uniformität. Der Wunsch nach Originalität ist so alt wie die Menschheit. Man möchte eine ausgegrenzte Identität leben und in jeweils selbst gesetzter Weise besonders sein. Dies zeigten zu allen Zeiten die Auseinandersetzungen der heranwachsenden Kinder mit ihren Eltern. Traditionen werden infrage gestellt, das Neue gewinnt einen zunächst nicht notwendigerweise zu konkretisierenden Wert.

Schon Johann Wolfgang von Goethe brachte dies in einem seiner Gedichte zum Ausdruck:

„Gern wär` ich die Überlieferung los und ganz original, doch ist das Unternehmen groß und führt in manche Qual."

Lebenskünstler nehmen das Ansinnen ihres großen Vorbildes auf. Sie beschließen, sich ihrer Herkunft zu besinnen und original, d. h. in sich verwurzelt, ihr Leben zu gestalten.

Sie richten sich nicht nach vorgegebenen Verhaltensmustern und stellen sich wie selbstverständlich den Fragen derer, die wissen wollen, was ihre Besonderheit ausmacht.

Lebenskünstler verstehen sich nicht als Egoisten. Sie möchten mit möglichst vielen Menschen in Kontakt treten, die sich ihnen als interessante „Einzelne" präsentieren. Im konstruktiven Miteinander genießen sie ein möglichst buntes Mosaik von Entäußerungen, Meinungen und Wertungen. Das Postulat der Originalität verspricht Vielfalt, die du erwarten kannst, zu der du aber vor allem selbst beitragen solltest.

Stelle dich also zunächst den Fragen der Selbsterforschung. Wenn du nicht, wie einst Goethe befürchtete, nur reine Überlieferung sein möchtest, wo lässt du dein Eigenleben beginnen? Suchst du es schon in der frühen Kindheit oder in der Parallelität zum reifenden Geist? Fasse in Selbstbeschreibungen zusammen, was du als Original an dir wahrnimmst und erhalten möchtest. Stelle dir vor, du würdest wie für Produkte einer Markenware Etiketten mit der Aufschrift „Original-Ich" für dein Alltagsverhalten und für die Ergebnisse deines Tuns bereithalten. Wo würdest du dich finden?

Lektion 22: Lebe zeitbewusst

Einer der bekanntesten Romane von Michael Ende thematisiert auf märchenhafte Weise den Umgang der Menschen mit einem ihrer wichtigsten Existenziale, mit ihrer Zeit.

Das kleine Mädchen Momo kämpft heroisch gegen die geheimnisvolle Bande der Zeitdiebe („die grauen Herren"). Diese versuchen mit verbrecherischen Methoden, den Menschen Zeit zu stehlen, mit dem leeren Versprechen, später verfügbare Zeitkonten für sie anzulegen. Michael Ende reflektiert und präsentiert meisterhaft eines der epochalen Probleme unserer Kultur.

Wir messen und bewerten Zeiten.

Wir erfinden die unsinnige Entschuldigung, keine Zeit zu haben.

Wir erfassen Arbeits- und Lebenszeiten monetär („Zeit ist Geld").

Wir verschieben Lust und Freude auf Restzeiten unseres Alltags, auf Freizeit- oder Urlaubsstunden. Bereitwillig verschenken wir unsere Zeit.

Unser Leben muss nicht erst von Zeitdieben bedroht werden.

Lebenskünstler genießen jede Minute der ihnen zugeteilten Lebenszeit. Sie betrachten jeden Alltag, zu dem sie erwachen als Geschenk, ihnen zur gefälligen Nutzung frei-

und aufgegeben. Sie wollen nicht zu den Zeitgenossen gehören, die den Wert eines jeden Tages nicht erkennen. Sie vergleichen jene mit Kunden, die in den Morgenstunden ein Auto ausleihen, es vor ihrer Haustür zur Betrachtung bereitstellen und es am Abend ungenutzt wieder zurückgeben.

Ein Grundsatzprinzip der Lebenskünstler lautet: Nutze die Zeit. Sie besteht aus täglich 24 Stunden, die dir gehören, auch wenn du arbeitest oder schläfst. Lebenskünstler können liebevoll in Beziehung treten zu ihren „Freunden“, der Zeit und sie herzlich begrüßen mit „ach, du liebe Zeit!“ Jede Minute soll ihnen als Nische ihres Daseins wertvoll sein. Lebenskünstler missachten daher auch kleine Zeiträume nicht. 10 Minuten Wartezeit können sie aufmerksam und freudig auffüllen. Sie kenne keine Langeweile und keine Ungeduld. Sie vermögen Zeit für andere anzubieten und erleben Zeit, die ihnen gewidmet wird, als Geschenk.

Wenn du zeitbewusst leben willst, solltest du zunächst deine Wahrnehmungsweise ändern. Auch wenn du an fast allen Orten, an denen du dich aufhältst, Uhren vorfindest, werde dir bewusst, dass es keine Objektivität der Zeit gibt, auch wenn wir bis auf hundertstel Sekunden messen wollen. Mache dir weiterhin klar, dass kein feststellbarer Beginn und kein feststellbares Ende der Zeit existiert. Wenn wir uns intersubjektiv verständigt haben, wie wichtig sind

dann der individuelle Umgang und die subjektiven Messgrößen für deine Lebenszeit?

Daher: Setze die Aufforderung, zeitbewusst zu leben,
nicht damit um, dass du häufiger auf die Uhr schaust!

Lektion 23: Irren macht liebenswert

Menschen, die immer Recht haben, sind uns selten
sympathisch. Wenn von vornherein feststeht, wie ein Dis-
put ausgehen wird, macht es wenig Freude, ihn zu führen.
Wenn du dementsprechend keine Chance geboten be-
kommst, deinen Gesprächspartner von der Logik deiner
Argumentation zu überzeugen, könntest du es vorziehen
zu schweigen. Heute scheint Small-Talk als Kommunika-
tionsform auszureichen. Man tauscht Höflichkeiten aus
und bewegt sich vorzugshalber auf Allgemeinplätzen. Jeglicher offensiven Form des konstruktiven Streitgesprächs
heißt es aus dem Weg zu gehen, läuft man doch Gefahr,
den vermeidbaren Kampf zu verlieren.

Der unrechten Argumentation überführt zu werden,
avanciert zu einem der Kernphänomene der Sozialangst.

„Seien wir besser still, sonst wird unser Nichtwissen
deutlich."

Gehörst du auch zu denen, die in der Regel lächelnd,
per Kopfnicken auch konträren Meinungsäußerungen zu-
stimmen? Man will sich ja nicht unbeliebt machen.

Pearl S. Buck, die US-amerikanische Schriftstellerin und Nobelpreisträgerin stellte einmal fest: „Die großen Tugenden machen einen Menschen bewundernswert, die kleinen Fehler machen ihn liebenswert." Lebenskünstler scheuen das erbauende und tiefsinnige Gespräch nicht. Sie leben explorativ. Sie wollen wissen und stellen ihre Erfahrungen und Erkenntnisse frei zum Diskurs. Sie nehmen Auffassungen anderer bereitwillig an und bauen sie in ihre Wissensgebäude ein, wenn sie an deren Verwertbarkeit glauben. Sie lassen sich infrage stellen, lieben aber auch die apologetische Rede (die Selbstverteidigung). Wie im fairen sportlichen Wettkampf erlauben sie sich zu verlieren und dem Sieger die oberste Podest-Position einzuräumen. Sie lieben die spielerische Rede. Man beschließt vorab gemeinsame Spielregeln und überlässt den Spielverlauf einerseits, das Geschick oder das Können andererseits, dem Zufall. Als Verlierer beenden sie nicht selten lächelnd das Spiel. Lebenskünstler gewinnen, wenn sie verlieren. Es gelingt ihnen, die Zufriedenheit der Anderen zu steigern. Diese Lebens- und kommunikative Grundhaltung ist seit der griechischen Klassik bekannt. Sokrates verstand es meisterhaft, sein Nichtwissen zu präsentieren, das in Wirklichkeit ein umfassendes Wissen verbarg. Er bezog auf diese Weise immer seine Gesprächspartner konstruktiv in den Erkenntnisprozess ein.

Daher: Profiliere dich als dem Fehlurteil offener Mensch.

Du wirst eher Freunde gewinnen und trotzdem weise sein dürfen.

Der weise Mensch lernt aus dem Irrtum.

Lektion 24: Das Prinzip der Antwort

Erhoffst du noch Hinweise in deinem Leben zu erhalten auf die grundlegenden Fragen nach dir selbst? Was willst du als Basisforderung deines Daseins annehmen?

Wie wirst du dich dementsprechend sinnorientiert im Alltag aufstellen und herausfordern? Es gibt eine einfache Lösung deines existenziellen Grundproblems: Formuliere weniger Fragen; stelle dich häufiger dem Anspruch, in möglichst vielen Momenten Antworten zu geben.

Du fragst, ob du auf ohne an dich gerichtete Fragen antworten kannst? Fritz Heinemann, ein in Deutschland leider wenig bekannt gewordener Existenzphilosoph, formulierte als grundlegendes Prinzip des menschlichen Lebens das „respondeo ergo sum", ich antworte, also bin ich. Er setzte diese Grundverfassung und Grundhaltung dem „cogito ergo sum", ich denke, also bin ich, des René Descartes entgegen.

Der Mensch könne dann als „antwortendes Tier" begriffen werden. Er ist in der Lage auf alles ihm

Begegnende nicht nur handelnd, sondern reflektierend und sinnerschließend zu reagieren. Dabei ist die Antwort im Allgemeinverständnis eine Basisdimension der Natur. Alles und jedes Existierende ist als Ergebnis eines Entwicklungsprozesses zu sehen. Hegel versuchte diese universelle Gesetzmäßigkeit mit seinem dialektischen Denk- und Weltmodell zu erfassen. Alles stellt sich zunächst als These dar, auf die eine Antithese „antwortet" und die Synthese hervorbringt. So ist der Verlauf der Geschichte ebenso erklärbar wie Naturprozesse oder die Biografie eines jeden Menschen. Lebenskünstler öffnen sich existenziellen Fragen und Phänomenen mit in ihrer selbst gesetzten Forderung, antworten zu wollen. Sie überwinden auf diese Weise jegliche Form der Absonderung in Theoriesystemen des reinen Denkens. Sie antworten auf der Ich-Du-Ebene ebenso wie im Ich-Es-Dialog. Das „Es-Ist" fordert von ihnen auf ähnliche Weise eine Reaktion wie das „Es-Passiert". Lebenskünstler stellen den konstanten Bezug zur Realität als Arbeitsauftrag für den reflektierenden und für den handelnden Menschen her. Sie verwirklichen sich selbst in und mit ihren Antworten. Dies wollen sie wörtlich verstehen, indem sie ihre subjektiv wahrgenommene Realität als Ergebnis ihres existenziellen Frage-Antwort-Rituals betrachten. Auf der anderen Seite kommen sie mit wachsender Einsicht und umfassenderem Wissen kontinuierlich näher an die sich ihnen präsentierende

Wirklichkeit heran. Lebenskünstler existieren als Antwortende. Alltags- und Lebenswelt stellen sich ihnen dar als Appell und als regulativer Aufruf.

Folge daher diesem konstitutiven Prinzip. Lasse zu, dass alles dir Begegnende dir in der Imagination Fragen stellt. Formuliere deine Antworten.

„Du sollst auf allen Sphären deines Seins so antworten, dass du in deinen Antworten und durch sie existierst." (Fritz Heinemann)

Lektion 25: Das wunderbar Alltägliche

Im Märchen werden oft Begehrlichkeiten und Wünsche der Menschen zu Happy-End-Geschichten verarbeitet. Sie enthalten Moralappelle und Lebensweisheiten, verheißen auf eher ungewohnte Weise Glück und Erfüllung. Sie wurden auch deshalb gerne erzählt und weitergegeben, weil entgegen der häufig armseligen Lebensverhältnisse wundersame Methoden und Instrumente vorgestellt wurden, den belastenden Alltag angenehmer zu gestalten.

Obwohl dein Alltag wahrscheinlich weder karg noch hart sein mag, solltest du ihn häufiger für märchenhafte Phantasien öffnen. Stelle dir z. B. die folgende Begebenheit vor: Du verbringst einen deiner üblichen Tage auf deine Weise produktiv, erlaubst dir auch die verdiente Ruhe und Entspannung. Dir fehlten jedoch die Euphorie und die Faszination. Alles erscheint gewohnt und wenig aufregend oder Interesse erweckend. Plötzlich nimmst du, wie in einem schönen Traum, ein sphärisches Wesen neben dir wahr. Es bietet dir für deine sinnliche Wahrnehmung eine Hellseherbrille als bereicherndes Utensil an.

Du fragst dich, wofür du sie brauchen könntest. Zunächst könntest du die nicht selten getragene „dunkle Brille" ersetzen.

Du würdest den Alltag heller und freundlicher wahrnehmen. Menschen und Situation besitzen dann für dich einen positiven Aufforderungscharakter. Im weiteren

Verständnis werden dir kognitive Fähigkeiten angeboten, hinter die Kulissen des Alltags zu blicken.

Du würdest viele Phänomene in ihrem tieferen Bedeutungsgehalt erfassen können. Lebenskünstler besitzen eine natürliche Hellseherbrille. Sie verstehen sich als geborene Optimisten. Sie entdecken immer wieder Aufregendes, wenn sie in ihrer Welt unterwegs sind. Sie betrachten das ihnen Begegnende mit den Augen eines lebensneugierigen Kindes, voller Entdeckungsfreude und in keiner Weise Bedrohliches annehmend oder fürchtend.

Sie vermögen mit ihren Einstellungen andere mitzunehmen in eine hellere Welt, die sie mit der Leichtigkeit ihres Daseins und anderen Gestaltungsmustern ihres Alltags ausleuchten.

Lebenskünstler benutzen auch andere Verstandes- und Vernunftkategorien als manche ihrer Mitmenschen. Sie fragen seltener warum, häufiger wo, wann oder wie die Dinge und das Leben sind. Sie schauen wie die Gaukler und Mystiker in die Zukunft, nicht weil sie diese zu kennen und vorauszusagen glauben, sondern weil sie prospektiv leben, immer auf das Glück des nächsten Tages ausgerichtet.

Wenn du dir erlaubst, den Alltag anders zu bewerten und zu betrachten, wirst du nicht unbedingt eine Hellseherbrille brauche. Du wirst in vielem Alltäglichen das Wunderbare entdecken.

Lektion 26: Gestalte Dich

Während Selbsterfahrungsseminaren werden den Teilnehmern häufig sogenannte Gestaltübungen abverlangt. Sie sollen sich zu sich selbst in Beziehung setzen, sich spüren und unterschiedliche sogenannte „Sensitivity"-Aufträge erfüllen.

„Stelle dir vor, du wärst ein Rosenbusch. Imaginiere den Ort und die Jahreszeit deiner Blüte, deine Farben, deine Attraktivität, deine Verwurzelung mit dem dich nährenden Erdreich ..."

Du bist keine feste Gestalt, die du über die Jahre deiner Existenz beibehältst. Du gestaltest dich in jeder Situation, in jedem geografischen oder sozialen Umfeld neu. Du stellst immer dar als die Summe deiner organischen Lebensäußerungen. Damit bist du dir grundlegend als Selbstempfänger und Selbstverfasser aufgegeben. Du entscheidest dich minütlich, stündlich oder täglich für dich. Du darfst sein und du willst sein.

Sören Kierkegaard machte dies unmissverständlich deutlich: „Jeder Augenblick, in dem es nicht zur Entscheidung kommt, geht verloren."

Aber die Existenzmöglichkeit in dem existierenden A. will sich dessen nicht bewusst werden und hält die Existenz durch allerfeinsten Betrug fern: „Durch das Denken hat A. alles mögliche gedacht; und doch hat er nicht existiert."

Existenz ist und bleibt ein individueller Gestaltungs-auftrag. Der Mensch wird sich als Stoff gewahr und ist her-ausgefordert, sich eine Form zu geben. Lebenskünstler schätzen dies als universelle Freiheit. Alles ihnen Wider-fahrende kann als Zuhandenes für ihr Selbstsein genutzt werden. Andererseits erfahren sie sich körperlich, geistig und seelisch fest in sich verankert. Daher können sie jeder-zeit in der Entscheidung für eine gewollte Gestalt zu sich selbst kommen und sich einer bleibenden Gestalt verwei-gern. Sie bleiben dadurch auch für die Menschen vielseitig interessant, mit denen sie zusammentreffen.

Lebenskünstler schaffen es, das scheinbar Unverein-bare zusammenzubringen, fest gegründet in sich selbst und gleichzeitig für jede Gestalt und Gestaltung frei zu sein. Sie präsentieren Gegenwart und ständiges Werden ohne im scheinbaren Paradoxon denkend zu erstarren. Sie verste-hen sich als Konturen-Zeichner und Grenzen-Ziehende in der weitgehenden Unbegrenztheit.

Willst du wie die Lebenskünstler den Auftrag anneh-men, dich selbst zu gestalten? Dann stelle dich den Sinn-forderungen und ethischen Ansprüchen mit klarer Ent-schiedenheit. Du bist Kreateur und Kunstschaffender dei-nes Selbst. Vielleicht willst du auch selbst Hand anlegen. In den o.g. Seminaren wurden die Teilnehmer immer wie-der zum konkreten Tätig-sein aufgefordert. So sollten sie z.B. aus einem Klumpen Lehm (wie der biblische Schöp-fer Gott) etwas Selbstdarstellerisches gestalten.

Lektion 27: Augenblick und Ewigkeit

Es gibt Situationen im Leben, in denen man die Zeit anhalten möchte. Sicherlich hast du solche Momente auch schon erlebt: Das Zusammentreffen mit einem geliebten Menschen nach langer oder auch nur kurzer Zeit der Trennung; der erste Bissen einer köstlich zubereiteten Mahlzeit oder der erste Schluck eines kühlenden Getränks für die trockene Kehle; die warme Frühlingssonne bei geschlossenen Augen als natürliche Wärmequelle genießen dürfen; auf einer duftenden bunten Frühlingswiese, ausgestreckt wie auf einem Daunenkissen, dem vielfältigen Gesang der Natur lauschen. Wenn dir noch andere Beispiele einfallen, so führen sie dich wahrscheinlich, wie die beschriebenen Situationen, zur momentanen Zeitvergessenheit. Wir neigen durch die Gegenwartskultur geprägt dazu, die Zeit als allzu flüchtiges und mit der stetigen Gefahr des Verlusts verbundenes Phänomen zu deuten. Jede bewusst erlebte und gelebte Stunde bringt uns jedoch in Kontakt zu zeitlich Überdauerndem. Der Augenblick mag als gemessene Zeitlichkeit von sehr kurzer Dauer sein. Er verlässt aber nicht selten die Stimmungen, über die verschiedene Dimensionen der Unendlichkeit eröffnet werden. Soeren Kierkegaard stellte mit seiner Kritik der modernen Lebensweise fest, dass die Menschen dazu neigen, das Zeitliche zu überschätzen und in der Folge das Ewige verlieren. Gemeint ist die Überbetonung der zeitökonomischen

Sinnerfahrung: Nutze deine Zeit zweckvoll. Die Selbstaufforderung, keine Zeit zu verschwenden, führt zum gegenteiligen Effekt. Wir hetzen durch unsere Stunden und Tage.

Lebenskünstler wissen noch erfüllende Phasen der Muße zu schätzen. Sie können sich in Gegenwarts-erfahrungen fallen lassen, die geläufigen Zeiteinteilungen aufheben und übersteigen. Wie in einer befreienden Trance lassen sie sich tragen und erreichen den Zustand des Schwebens in der Zeit. Die Zeitlosigkeitserfahrung wird so zur Ewigkeitserfahrung. Mit dem Überwinden der Zeitlichkeit nähern sich Lebenskünstler existenziellen Grenzerfahrungen und Grenzüberschreitungen.

Willst du es versuchen, auf diese Weise immer einmal wieder einen Hauch von Ewigkeit in deinen Alltag zu bringen?

Erübrigst du Zeit für Momente des Genusses der gefühlten Zeitlosigkeit?

Du wirst letztendlich dem Überdauernden näherkommen.

Lektion 28: Bescherung

Vielleicht erinnerst du dich noch an die glücklichen Stunden deiner Kindheit, als du die Anspannung vor den Weihnachtsfeiertagen kaum mehr ertragen konntest. „Werde ich die Geschenke bekommen, die ich mir sehnlichst gewünscht habe?" Warteten vielleicht Überraschungen auf dich, mit denen du nicht gerechnet hattest? Das Wort „Bescherung" war in der Regel verbunden mit Glückserfahrungen, strahlenden Kinderaugen und sentimentaler Wärme. Wir wünschten uns, dass es nicht nur einmal pro Jahr, ggf. lediglich ergänzt durch Geburtstage, diese Festtagsstimmung geben könnte.

Lebenskünstler erreichen diesen Zustand wesentlich häufiger. Sie weiten ihren Wahrnehmungshorizont aus und erleben sich als vielfach Beschenkte. Sie halten es nicht für selbstverständlich, täglich mehrmals an einem gedeckten Tisch Platz nehmen und sich satt essen zu dürfen. Sie kennen noch das einfache Gebet, das vor jeder Mahlzeit gesprochen wurde: „Komm, Herr Jesus, sei unser Gast und segne, was du uns bescheret hast." Auch der Heißhunger konnte ehemals die einfache Geste der Dankbarkeit nicht vertreiben. Lebenskünstler öffnen sich selbst situative Erlebnisse, in denen sie sich als dankbar Annehmende, aber auch als bereitwillige Gebende erfahren dürfen. Sie scheuen sich nicht, Bedürftige zu einem Essen oder zu einem Getränk am Kiosk einzuladen, Kindern spontan ein Eis oder eine Tüte Süßigkeiten zu schenken oder einem einsamen Menschen ein Gespräch anzubieten. Sie erleben den warmen Sommerregen ebenso als Begeisterung wie den betörenden Duft und die Farbenvielfalt der Blüten. Sie stehen mit kindlichem Staunen vor der reichhaltigen Auswahl an frischem Obst in unseren Läden und genießen es, voller Begierde in einen rotbackigen Apfel zu beißen. Die in jedem Moment des Alltags einschaltbare Musik erleben Lebenskünstler als persönliches Angebot. Sie wähnen sich in der Phantasie in der ersten Reihe eines Konzertsaals und lauschen andächtig dem Spiel der Künstler. Lebenskünstler bewegen sich mit offenen Sinnen durch Alltags- und Erfahrungsräume. Weil sie es erwarten wollen, deuten sie vieles, das sie erleben, als nicht selbstverständlich.

Willst du es auch einmal versuchen, dir auf diese Weise, deine Bescherungen selbst zu bereiten?

Lektion 29: Weißt du was du willst?

Arthur Schopenhauer gab der Welt und sich selbst Erklärungen, ausgehend von zwei Wahrnehmungsebenen, dem Walten des inneren und äußeren Willens, sowie der Kraft und dem Gehalt der Vorstellung. Beide Wege bieten einen Zugang zu den Fragen der Menschen. Sie führen aber häufig zu sich widersprechenden Ergebnissen. Stimmt der erfahrbare Wille mit den kognitiven Konstrukten nicht überein, so gibt es in der Regel nur zwei Lösungen. Die Vernunft muss einsehen, dass sie irrt, oder die Zielrichtung des Willens wird nicht verstanden. Der Wille muss in seiner Absicht neu gedeutet und ausgerichtet werden. Die Frage, ob wir wissen können, was wir wollen, ist daher zunächst nicht beantwortbar. Wissen und Wollen sind widersprüchliche Kräfte. Das Wissen weiß, hat aber oft nicht die Stärke, den Willen zu steuern. Schon die Griechen der Antike erkannten diese Bipolarität im Menschen und in der Natur. Sie widmeten den gegensätzlichen Kräften jeweils eine Position im Götterhimmel. Der die Dinge ordnende, souveräne Gott Apoll fand seinen Widerpart in Dionysos, dem Gott der Lust und des emotionalen Überschwangs. Beide Götter trugen zur Grundverfassung des Himmels und der Welt auf ihre Weise bei. Keiner sollte letztendlich die Herrschaft an sich reißen. Die Polarität bestimmte die Dynamik und die sinnliche Breite des irdischen wie des überirdischen Daseins.

Lebenskünstler übernehmen die Zweiheit. Sie wollen wissen: sie möchten den Willen in sich, aber auch den Willen außer sich verstehen. Sie suchen, wann immer es möglich ist, den Kontakt zu den Quellen ihrer Bedürfnisse, ihrer Triebe, ihrer Lust oder Unlust. Das heißt jedoch nicht, dass sie sich selbst erklären wollen oder wie Naturwissenschaftler die Gesetze ihres Funktionierens finden müssen. Sie suchen den Willensanteil in sich selbst auf, um sich zu erfassen und so wie sie sind, akzeptieren zu können. Sie erkennen die Grenzen der Vernunft, fordern sie aber durchaus auf, Zusammenhänge logisch herzustellen und daraus rationale Strukturen abzuleiten.

Damit schaffen Lebenskünstler auf beiden Ebenen sichere Standpunkte. In ihnen erleben sie die Kraft des Willens und die phantastische Einsichtsfähigkeit der Vernunft. Leite daher für dich daraus zwei Schlussfolgerungen ab:

Dein Ziel kann nicht sein, zu wissen was du willst.

Wille und Geist sind nicht gegeneinander austauschbare Kräfte in dir.

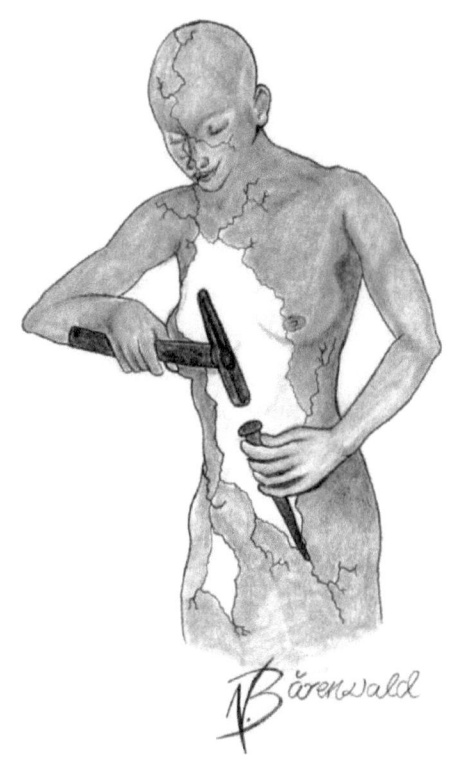

Lektion 30: Persönlichkeiten

„Dieser Mensch ist eine Persönlichkeit!"

Verstehst du diese Aussage als Auszeichnung? Handelt es sich hier um einen besonders wertvollen Menschen? Was musst oder solltest du leisten, um den sozialen Rahmen einer Persönlichkeit zu erreichen? Vielleicht solltest du zunächst eine Begriffserklärung suchen. Das Wort „persona" stammt aus dem Lateinischen und bedeutet „Maske". Es ist das nach Außen vorgezeigte, selbstdarstellerische Bild des Menschen. Nicht selten werden Persönlichkeiten auch über Fremdbilder konstruiert. Das Außenbild entspricht der öffentlichen Meinung, aber weniger der Eigentümlichkeit (im wahrsten Sinne des Wortes) der Betroffenen. Hinter der Persönlichkeit verbirgt sich nicht selten ein anderer Mensch. Die Maske tarnt und schützt ihren Träger.

Möchtest du wissen, welche Maske du vor dich herträgst?

Psychologisch betrachtet ist und hat jeder Mensch eine Persönlichkeit. Wir sprechen hier von dem Charakter eines Menschen oder, in der spezifischen Ausprägung, von seiner Persönlichkeitsakzentuierung, in seiner krankhaften Ausprägung von einer Persönlichkeitsstörung.

Lebenskünstler sind oft auffällige Charaktere. Sie

unterscheiden sich von Normalbürgern durch ihren Lebensstil, durch Verhaltensweisen und Wertvorstellungen. Demnach sind sie durchaus als akzentuierte Persönlichkeiten zu bezeichnen. Sie tragen narzisstische Züge, weil sie etwas Besonderes wollen und nicht in der Masse Mensch untergehen möchten. Oft werden sie als histrionische Charaktere wahrgenommen (lateinisch: histrio, der Schauspieler), weil sie die Bühnen des Lebens betreten. Sie hinterfragen zwanghaftes Verhalten, per se begründete Ordnungsmuster und Verhaltensregeln. Sie gelten als kreativ in der Positivwertung, und als bizarr-verrückt in der Negativwertung. In der Auffassung der Kleinbürger gelten Lebenskünstler sogar als Soziopathen und Schmarotzer der Gesellschaft. Insgesamt sind sie schillernde Charaktere, die sich auch in ihren Gefühlsäußerungen nicht immer zurückhalten.

Wenn du also wie die Lebenskünstler agieren und angesehen werden möchtest, wähle die für dich passende Persönlichkeitseigenschaft aus.

Sei hier in keiner Weise zurückhaltend.

Vielleicht heißt es dann auch eines Tages bezogen auf dich:

Er bzw. sie ist eine Persönlichkeit.

Lektion 31: Lass dich vom Leben durchfluten

Kennst du dieses Gefühl?

Du spürst nichts, als eine innere verlangende Leere.

Du fühlst dich wie ein trockener Schwamm, der lange Zeit kein Wasser mehr speichern konnte.

Du möchtest Lebensenergie aufsaugen, findest aber keine Quelle.

Du verlangst danach, das Leben wie reife Früchte vom Baum zu pflücken, zu nehmen was dir zusteht.

Du möchtest durchdrungen werden von menschlicher und kosmischer Liebe.

Du leidest unter der unerfüllten Sehnsucht, entwickelst eine Melancholie, die du glaubst, kaum mehr verdrängen zu können.

Du hast aber die Hoffnung nicht verloren, bleibst auf der Suche, vielleicht sogar mit der sicheren Erwartung, das strömende, dich über- und durchflutende Leben wiederzufinden, möglicherweise schon im nächsten Moment.

Ein solches Erlebnis beschrieb Marcel Proust in seinem Jahrhundertwerk „Auf der Suche nach der verlorenen Zeit".

Die viel zitierte Textstelle ist als „Madeleine-Erlebnis" bekannt geworden.

„Bedrückt durch den trüben Tag und die Aussicht auf den traurigen folgenden", tauchte er ein Gebäckstückchen in seinen Tee und nahm einen Löffel Tee mit dem aufgeweichten Madeleine zu sich.

Er nahm in diesem Moment eine intensive Verbindung zu sich selbst, zum Leben und zu seinen Erlebnissen der vielen vergangenen Lebensjahre wahr, ohne sich dies zunächst erklären zu können. „Woher strömte diese mächtige Freude in mir?"

Er spürte, dass das mit dem Tee durchdrungene Gebäck, seine Erinnerungen weckte. Diese überfluteten ihn und erzeugten ein immenses Glücksgefühl in ihm.

Neuropsychologen erklären dieses Phänomen mit der direkten Verbindung des Geschmackssinnes mit dem Hippocampus, dem Zentrum unseres Langzeitge-dächtnisses.

Lebenskünstler kennen diese Erfahrungen und wissen, auch für Außenstehende unscheinbare oder unbedeutende Sinneswahrnehmungen als Quellen der Lebensenergie und Lebensfreude zu nutzen.

Sie verstehen es symbolisch, ihre Stunden und Tage zu erschließen und alltägliche Ereignisse und Handlungen sinnlich aufzufüllen. Für sie gibt es nur wenige Phänomene des Alltags, die sie vorab als uninteressant aussortieren. Sie suchen die Verbindung von Sinneswahrnehmung, Sinneseindruck und Sinnerfahrung, auch in den Spuren des Lebens.

Erlaube dir häufiger einmal Verknüpfungserlebnisse.

Auch übliche, zunächst unspektakuläre Handlungen können intensive Lebenserfahrungen zulassen.

Lektion 32: Sei unzufrieden

Eine Moritat vergangener Jahre enthält einen bekannten Refrain, den unsere Eltern und Großeltern als Leitmotiv in ihre Lebensplanung aufnehmen sollten: „Sei zufrieden, sei zufrieden, was du bist und was du hast. Jeder Tag hat seine Sorgen, jeder Tag hat seine Last."

Bescheidenheit galt als Wert an sich. Das Aufbegehren gegen Strukturen der Ungleichheit und der Benachteiligung war im Verhaltensrepertoire der „kleinen Leute" nicht vorgesehen. Sein Schicksal anzunehmen und als Vorsehung zu erdulden, wird in den großen Religionen der Welt als grundlegendes Prinzip des Glaubens dargestellt. Die Askese wird zum Ideal erhoben. Zufriedenheit mag dann zur allgemeinen Beruhigung beitragen. Das Hauptziel jeder Lebensgemeinschaft, die Fort- und Höherentwicklung ihrer Kultur, wird auf diese Weise aber nicht erreicht werden können. Die eigenständige Bewegung setzt einen Gestaltungswillen voraus sowie im weitesten Sinne eine Veränderungsbereitschaft. Zufriedenheit führt dann zur Apathie. Unzufriedenheit avanciert zur Antriebskraft des Wandels. Hier gilt es jedoch, einem möglichen Missverständnis vorzubeugen.

Lebenskünstler verstehen sich nicht als Aufrührer oder Revolutionäre der Gesellschaft. Sie propagieren die

Gemütsverfassung der Unzufriedenheit, um Mitmenschen aufzuwecken und zum erlaubten Einsatz für ihre eigenen Interessen aufzufordern. Sie wollen nicht denen widerstandslos den Alltag überlassen, die es verstanden haben, in der Konkurrenzgesellschaft die besten Plätze einzunehmen. Lebenskünstler erlauben sich nicht selten, mit dem sprachlichen Ausdruck zu spielen. Sie ironisieren, preisen die Qualität der Lebensbedingungen als etablierte, beste aller möglichen Welten. Sie wollen auf diese Weise den Widerspruch derer erreichen, die es gewohnt sind, sich abzufinden.

Sei unzufrieden und halte Veränderungen der Lebensverhältnisse und Ziele immer für möglich. Sie zufrieden, wenn deine Unzufriedenheit dazu geführt hat, dich in Bewegung zu halten und nicht in Routinen erstarren zu lassen. In diesem Fall könntest du den Zustand der selbst hergestellten, gegebenenfalls erkämpften Zufriedenheit erreichen, der dir erlaubt, dich auszuruhen.

Dieser Zustand ist Ergebnis eines aktiven Lebens und nicht mit dem der Apathie gleichzusetzen.

Lektion 33: Entdecke deine Schemata

Ohne dass es uns bewusst ist, leben wir die Prägungen und Richtungslenkungen unserer frühen Biografie. Wir übernehmen und imitieren Verhaltensweisen unserer Eltern, tragen Defizite und Fixierungen als Klischees durch unser Leben. Psychologen nennen diese Selbstwahrnehmungs- und Handlungsmuster (Schemata). Da erlebte sich der eine grundlegend emotional vernachlässigt, die andere sozial missbraucht und schon in der frühen Kindheit zu Erwachsenenverhalten genötigt. Wieder andere mussten erfahren, mit sich allein zu sein und im Stich gelassen zu werden. Relativ häufig ist zu hören, dass Anerkennung nur über Leistung zu erreichen war oder dass Kränkungen als Steuerungsmittel eingesetzt wurden. Diese und andere Schemata werden zu Selbstideologien und Wirklichkeitsauffassungen aufgebaut, die Betroffene oft lebenslang begleiten.

Dieser jeweilige Selbstglaube wird umgesetzt in Aussagen wie: „Ich bin nichts wert", „mit mir kann man es machen", „andere sind kompetenter als ich" oder „wenn ich jemanden brauche, ist niemand für mich da."

Selbstideologien überdauern oft gesamte Lebensphasen der betroffenen Menschen. Sie zu hinterfragen, und wenn möglich aufzuheben, ist eine vorrangige Aufgabe der Lebenskünstler.

Sie lassen sich nicht durch Glaubenssätze beherrschen, auch wenn sie diese vormals selbst formuliert haben.

Sie definieren sich nicht als vorprogrammierte seelische und soziale Systeme.

Lebenskünstler beobachten ihr eigenes Verhalten selbstkritisch.

Mit welchen Vorurteilen begegne ich mir selbst?

Welche Vorannahmen bestimmen mein Verhalten anderen Menschen gegenüber?

Lebenskünstler nutzen Schemata auch zur selbst-kritischen Bewertung:

Erlebe ich mich als Verdränger/in, als Vermeider/in oder als offensive/n Selbstverteidiger/in? Zeige ich Rückzugsverhalten oder nutze ich unreflektiert Vorurteile und vorgegebene Verhaltensmuster?

Nimm den unausgesprochenen dauerhaften Selbstbeobachtungsauftrag auch für dich an. Beschäftige dich mit deinen frühen Verhaltensprägungen und den daraus abgeleiteten Selbst- und Fremdwertvorstellungen. Welche Alltagssituationen lösen immer wieder ähnlich erfahrbare Impulse in dir aus?

Baue dir eigene Schema-Tabellen auf. Suche die „sportliche" Herausforderung, dich selbst zu ertappen.

Lektion 34: May be – can be ...

Lass uns einmal ausnahmsweise Englisch beginnen, weil in dieser Sprache wunderbare Wortspiele möglich sind. Stelle dir vor, wir spielen verbal Tischtennis.

Du schlägst eine Aussage als Aufschlag über das Netz, deine Mitspieler antworten mit einem verbalen „Return".

Dein Aufschlag lautet: „May be", dein Mitspieler entgegnet mit einem „Can be".

Du parierst lässig mit einem „Let it be", worauf dein Kontrahent ein „Let me be" einfordert.

Deinen Schluss- und Gewinnpunkt setzt du mit einem „Just be".

Du fragst, was dieses ungewöhnliche Tischtennisspiel soll? Es stellt symbolisch eine Existenzphilosophie dar. Die Ausgangssituation unseres Lebens ist durch ein generelles „May be" bestimmt. Wir können und dürfen verschiedene Lebensvarianten wählen und realisieren. Das „Can be" beschreibt erste konkrete Umsetzungen, die von Lernprozessen und dem Aufbau persönlicher Kompetenzen abhängen. „Let it be" fordert dazu auf, zuzulassen, was intuitiv oder kosmisch gesteuert erscheint. „Let me be" stellt den Versuch dar, verstandene Lebensaufträge in einen persönlichen Lebensentwurf umzusetzen. Der „Gewinnpunkt", das „Just be" betont die Freiheit, jederzeit seine Selbstverwirklichung einfordern und angehen zu können.

So weit zu unserem verbalen Spiel, das tiefe Sinndimensionen öffnen kann. Lebenskünstler kreieren und lieben Existenzspiele. Sie vermögen, mit Worten und Begriffen zu jonglieren, andere in Erstaunen zu versetzen, sie aber auch problemlos mitspielen zu lassen. Das „May-be"-Spiel lässt sich vielfach variieren und auffüllen. Es geht, wie angemerkt, um Grundfragen der menschlichen Existenz. Allein die Aufforderung, „let it be" kann zu philosophischen Grundsatzdiskussionen führen.

Wie wird sich dein Leben entfalten, wenn du es einfach nur zulassen kannst und dich nicht als Form- und Gestaltgeber angesprochen erleben musst?

Wie verstehst du den Unterschied zwischen den beiden Sätzen „Let it be" und „Let me be"? Kannst du dir ein allumfassendes und doch im Grundsatz unkonkretes „Es" vorstellen, das auch in dir schaltet und waltet? Wie mächtig oder ohnmächtig erlebst du dein Ich, das sich leben will? Kannst du dich selbst als Ich-starken Menschen begreifen? Wie wirst du dann das „Let me be" leben?

Vielleicht machst du es dir aber einfach und lebst deine aktuell wahrnehmbare Existenz: „Just be!"

Lektion 35: Suche den Ausgleich

Stelle dir vor, du besuchst ein Fußballspiel zweier ungleicher Mannschaften, die, wie man sagt, in verschiedenen Ligen spielen. Das weitaus besser besetzte Team schießt ein Tor nach dem anderen, Spielstand schon nach 15 Minuten 5:0. Würde es dir Freude bereiten, diesem Spiel bis zur 90. Minute zuzusehen? Wesentlich interessanter und spannender würde das Spiel verlaufen, wenn Gleichwertigkeit des Potenzials zu erwarten wäre. Fast jedem Tor der einen Mannschaft folgt der Gegenangriff und der Ausgleich. Diesem Beispiel vergleichbar stellt sich der Lebensprozess dar. Einseitigkeit oder Extrema führen selten zu zufriedenstellenden Ergebnissen. Die chinesischen Philosophen propagierten daher das duale Prinzip, über das der Weg zum „Einen" zu suchen ist. Der Einklang des Gegensätzlichen schafft Vollkommenheit. Das bekannte Yin-Yang-Symbol stellt dies grafisch dar.

Es umfasst in ihrer Vielzahl kaum aufzulistende Gegensatzpaare, die zum Ausgleich zu bringen sind. Dies trifft sowohl für den Ablauf des menschlichen Lebens zu, wie für die Ordnung der kosmischen Elemente und Kräfte.

So erhält z. B. Hartes erst durch Weiches seine Bedeutung, erfährt hier aber auch seine Begrenzung. Helligkeit wird erst durch das Gegenphänomen der Dunkelheit erstrebenswert. Dunkelheit gewinnt wiederum erst an

Bedeutung bei zu sehr ermüdender oder blendender Helligkeit. Ebenso sind Lebensleistungen zu betrachten. Das Außergewöhnliche gewinnt nur an Wertschätzung, wenn Gewöhnliches existiert und es sich hiervon abheben kann. Die gute Bewertung muss von weniger Gutem differenziert werden können. Der Zustand des Glücks ist nur erreichbar, wenn er nicht als Dauerstatus, als alltägliches Befinden erwartet wird.

Lebenskünstler schaffen dies, indem sie zu jonglieren verstehen. Wie die Zirkusartisten halten sie mehrere Bälle gleichzeitig in der Luft. Dabei haben alle die gleiche Bedeutung. Wird aus Sicherheitsgründen ein Ball aus dem Jonglage-Akt genommen, wird kein Kunststück mehr präsentiert werden. Natürlich kann die Präsentation scheitern. Gerade daraus erwächst aber die Spannung. Gäbe es lediglich die Gleichförmigkeit in der Erwartung, so gliche das Spiel der Lebenskünstler dem beschriebenen Pseudo-Fußballspiel. Es bliebe einseitig und eher langweilig.

Du solltest wie die Lebenskünstler die wechselnden Situationen und Herausforderungen des Alltags bevorzugen. Dein künstlerisches Schaffen bestünde darin, den Ausgleich der Gegensätze anzustreben.

Lektion 36: Spiele das Ebenen-Spiel

Der Mensch ist, wie jedes Lebewesen, in einem nicht unwesentlichen Anteil seines Selbst ein Spieler. Im Vergleich zu spielenden Hunden oder Katzen schaffen wir uns lediglich andere Inhalte oder Darstellungsweisen des Spiels. Der Zweck bleibt in jeder Konkretisierungsform der gleiche: Es geht um die Steigerung der Lebenslust und der Lebensfreude, um den nicht zerstörenden Konkurrenzkampf, im Leben siegen zu wollen und um eine seelisch und sozial gewinnbringende Gemeinschaftserfahrung.

Wir können mehrere Ebenen der spielenden Selbst- und Daseinserfahrung unterscheiden. Auf der sensorischen Ebene nehmen wir die allgegenwärtigen Botschaften der natürlichen und der menschlichen Umwelt wahr. Menschen sind sogenannte „under-utilizer". Sie nutzen häufig nur wenige Grade ihrer Sinnesfähigkeit aus. Einige unserer Sinneswahrnehmungen, wie der Geruchs- oder der Geschmackssinn verkümmerten im Laufe der Entwicklung unseres modernen Lebens. Es könnte lusterweckend sein, diese Sinne spielerisch zu nutzen.

Auf der emotionalen Ebene verarbeiten wir unsere Wahrnehmungen eher intuitiv und vorbewusst. Wir erleben Freude, Ärger, Trauer, Ekel oder Wut. Wir könnten mit diesen Emotionen heiter umgehen, wie in einem Gesellschaftsspiel.

Auf der rationalen Ebene verdichten wir unsere

Eindrücke zu Verstandes- und Vernunftkategorien. In dem Begriff wird wahr, wir denken, wir konstruieren logische Welten. Denkspiele fordern auf besondere Weise heraus. Wir stellen jedoch immer den experimentellen Umgang mit der Wirklichkeit dar. Sie liefern kein reales Abbild.

Schließlich bewegen wir uns täglich auf interaktiven Ebenen. Wir spielen Rollen, die uns der Alltag aufgibt. Wir spielen nach vereinbarten Regeln. Nicht selten spielen wir mit uns und den anderen auch Lebenstheater in Komödien, Dramen oder Konflikt-Improvisationen. Auf der interaktiven Ebene konstruieren wir ernsthaft besetzte Systeme und sind uns selten bewusst, dass diese Resultate eines Kampfspiels darstellen: Wer am besten blufft, der gewinnt.

Lebenskünstler genießen es, sich auf den einzelnen Ebenen frei und manchmal auch übermütig zu bewegen. Sie begeben sich auf die Suche nach sich selbst und nach existenziellen Erfahrungen, indem sie sich sinnlich öffnen, fasziniert lauschen können und die Welt wieder „schmecken" wollen. Sie erlauben es sich, mit Gedanken und Gefühlen zu spielen, vielleicht im Umgang mit den Mitmenschen auch ein wenig verrückt zu erscheinen. Im Ebenen-Spiel ist alles erlaubt, was nicht zu Verletzungen führt, auch das Narrenspiel.

Lektion 37: Du bist da!

Alle die während der Kindheit den Auftritt der Helden der Puppenbühnen geliebt haben, kennen diese erste Frage. In der Regel wollte Kasperle wissen: „Seid ihr alle da?" Und die erwartungsvolle Kinderschar rief laut: „Ja". Auch aus der Schulzeit kennen wir dieses Phänomen, wenn die Lehrer wissen wollten, ob alle Schüler da sind. Wir lächelten immer wieder über diese Sinnlosigkeit. Sollten die nicht anwesenden Schüler mit „nein" antworten? Natürlich hätten wir diese Aufgabe übernehmen können. Aber, fühlten wir uns angesprochen?

Die Existenzphilosophen gehen davon aus, dass uns das Dasein immer zunächst vereinzelt. Mit der Kenntnis, da zu sein, übernehmen wir ungefragt eine Positionierungsaufgabe: Wo, wann, wie und auf welche Weise sind wir da? Existieren wir lediglich oder sollen wir bewusst die Rahmenbedingungen und die Impulse erfassen, die unser Leben bestimmen? Auf welche Weise lässt sich Dasein erfahren, über die spürbaren Lebensprozesse in uns, über vorgezeigte Selbst-Konstrukte? Können wir mit einer grundlegenden Berechtigung den Satz „Ich bin nicht da" formulieren?

Diese Feststellung darf als bloße Existenzaussage nicht getroffen werden. Solange wir leben sind wir biologisch anwesend. Die inhaltliche Auffüllung des Daseins darf sehr wohl bewertet werden. „Ich bin nicht da", heißt dann, es gibt mich nicht in meiner mir aufgegebenen individuellen Konkretisierung. Ich habe den Auftrag verfehlt, das Dasein zu dem Meinigen auszugestalten. Ich habe das Dasein als solches nicht zum Meinigen werden lassen.

Lebenskünstler lieben es, da zu sein. Sie wollen so oft und an so vielen Orten wie möglich ihr Dasein erfahren und mit immer neuen Eindrücken füllen. Sie wollen sich erleben und sich ausleben. Die Ankündigung „Ich bin da" verstehen sie als zweifache Selbstdarstellung. Wird das erste Wort des Satzes betont, so sind Lebenskünstler stets bemüht, Eigenes vorzuzeigen. Sie wollen unverwechselbar, sowie für sich und andere einmalig sein. Wird das letzte Wort des Satzes betont, so stellen sie auf unmissverständliche Weise dar, dass es sie in dieser Situation hier und jetzt gibt. Sie machen auf sich aufmerksam, ohne aufdringlich oder selbstherrlich zu sein.

Mit ihrer Anwesenheit bereichern sie.

Übernimm bewusst diese Aufgabe, indem du so oft wie möglich laut oder lautlos diesen Satz sprichst: „Ich bin da."

Lektion 38: Zu langsam oder zu schnell?

Im Jahre 1983 veröffentlichte Sten Nadolny einen bemerkenswerten Roman mit dem Titel: „Die Entdeckung der Langsamkeit". Die Biografie des Roman-Helden, des Polarforschers John Franklin, ist seit seinen Kindertagen durch seine Langsamkeit geprägt. Er durfte wegen seiner Behäbigkeit nicht an den üblichen Spielen der anderen teilnehmen.

Gerade diese Persönlichkeitseigenschaft brachte ihm jedoch im späteren Leben große Forschungs- und Entdeckungserfolge ein.

In einer Epoche, in der Schnelllebigkeit zum unhinterfragten Wert avanciert ist, fällt es schwer, das negative Image der Langsamkeit aufzuheben. Der Langsame verliert nicht nur im Sport, sondern auch im ökonomischen oder sozialen Konkurrenzkampf.

In einer Kabarettszene spielte Helmut Qualtinger einen Motorradfahrer, der bei Rotlicht an einer Kreuzung neben einem Sportwagen anhält. Verächtlich schaut er zu dessen Fahrer hinüber: „Egal wo du hin willst, ich bin eher da."

Wir kennen diese Szenen in der Realität auf unseren Straßen zur Genüge.

Lebenskünstler bevorzugen die Langsamkeit und scheuen sich nicht, sie als den höheren Wert zu propagieren. Sie dürften Shakespeare zitieren: „Weise und langsam; wer zu schnell läuft, stolpert leicht". Lebenskünstler kennen auch die chinesische Weisheit: „Fürchte dich nicht vor dem langsamen Vorwärtsgehen. Fürchte dich nur vor dem Stehenbleiben."

Lebenskünstler leiten aus der verordneten Langsamkeit die Gelassenheit und die Achtsamkeit als Verhaltenslinien ab. Der Schnelllebige übersieht und missachtet die Schönheit und die tiefe Sinnhaftigkeit des Lebens. Er ist wie Qualtingers Motorradfahrer eher am Ziel, das er jedoch nicht mehr für sich definiert hat.

Lebenskünstler mögen naiv und vordergründig, vielleicht auch nicht alltagstauglich erscheinen, weil sie den unreflektierten Forderungen der Gegenwart nicht entsprechen wollen. Sie verstehen Saint Exupéry's „kleinen Prinzen" sofort, wenn dieser einen Schnellzug vorüberrasen sieht und wissen will, wohin die Menschen mit dieser Geschwindigkeit reisen. Als der Gegenzug nach wenigen Minuten mit ähnlicher Geschwindigkeit an ihm vorbeifährt, zeigt er sich umso erstaunter, warum jetzt schon wieder alle zurückkehren.

Vielleicht solltest du die Protagonisten der Geschichten der Langsamkeit ernst nehmen und in dieser Hinsicht zum Lebenskünstler/zur Lebenskünstlerin werden. Ersetze, wann immer möglich, Schnelligkeit durch Langsamkeit.

Lektion 39: Herzlichen Glückwunsch

Es hatte sich schnell im Büro eine Nachricht von nicht geringer Bedeutung verbreitet: „Uwe hat heute Geburtstag!" Uwe hatte eine Führungsposition in der Firma inne.

Er wurde allseits wertgeschätzt, wegen seiner absoluten Korrektheit. Er wurde aber auch von manchen Mitarbeitern gefürchtet. Er war ein stiller Mensch und immer zur Stelle, wenn er gebraucht wurde. Ein Lob war selten von ihm zu hören, allenfalls ein Kopfnicken oder ein angedeutetes Lächeln.

Eine hektische Betriebsamkeit erfasste alle, die meinten, Uwes Festtag nicht vergessen zu dürfen, obwohl der Arbeitsalltag in keiner Weise anders verlief als die sonstigen Tage. Auch Uwes Verhalten schien auf keiner Art zu verraten, dass dies ein besonderer Tag für ihn war. Die Mitarbeiter hatten sich zum feierlichen Empfang in einer Ehrenreihe aufgestellt. Irgendjemand hatte in der Eile noch Blumen und Pralinen besorgen können. Als Uwe das Büro betrat, erklang ein vielstimmiges „Happy Birthday to you". Alle lächelten wegen der gelungenen Überraschung.

Nur Uwe blickte drein wie immer. Seine Mimik glich der seines üblichen Gesichtsausdrucks, vielleicht eine Nuance ärgerlicher. Es wurde allen sehr schnell klar, dass das Gerücht von Uwes heutigem Geburtstag falsch war. Die Peinlichkeit der Situation wurde aufgelöst durch Uwes

Anordnung, möglichst umgehend an die Arbeit zu gehen. Der Arbeitstag verlief dann wie jeder andere. Es blieb unbekannt, wer die Blumen und die Pralinen an sich nahm.

Lebenskünstler hätten sich hier anders verhalten. Sie hätten mit Freude das nicht Erwartete angenommen. Warum sollte dieser Tag kein Feiertag für sie sein?

Muss das Ereignis der Geburt notwendigerweise am passenden Jahrestag festlich begangen werden? Wäre es erlaubt, den Geburtstag täglich zu begehen?

Der bekannte Kindergeburtstagsreim, „Wie schön, dass du geboren bist, wir hätten dich sonst sehr vermisst", passt als Selbstbegrüßung zu jedem beginnenden Tag.

Lebenskünstler lieben es, sich am Morgen im eigenen Spiegelbild zu begrüßen und sich für den kommenden Tag Gesundheit, Freude und die Zufriedenheit des Gelingens zu wünschen. Sie erlauben es sich auch, sich abends mit dem Wunsch und der Hoffnung in den Schlaf verabschieden zu dürfen, am nächsten Morgen wie neugeboren dankbar für sich und ihre Lebenschancen zu sein.

Willst du eher Uwes Verhalten als Beispiel für dich übernehmen? Oder, kannst du dir vorstellen, zumindest im Versuch wie die Lebenskünstler jeden Tag als Geburtstagsgeschenk anzunehmen?

Lektion 40: Die Kraft der Imagination

Wenn du die Welt nicht kennst, mache dir selbst ein Bild von ihr und erlebe, was du siehst. Nach diesem Motto arbeitete Karl May, ein Schriftsteller des vergangenen Jahrhunderts, der nie eines der Länder bereist hatte, die er in seinen Abenteuerromanen bis in Detail beschrieb. Sein Held Old Shatterhand alias Kara Ben Nemsi wurde in der Phantasie des Autors geboren. Er wusste sich mit Menschen anderer Kulturen zu verständigen, obwohl er keine der Sprachen erlernt hatte, die in diesen Regionen der Welt gesprochen wurden. Jeder der vielen Bände, die Karl May schrieb, wurde von seinen unzähligen Lesern angenommen, wie ein Urlaubsangebot für ein neues, faszinierendes, fernes Ziel. Jeder Mensch hat diese Fähigkeiten, über die Kraft der Imagination, selbst seine Welten zu erschaffen und zu bereisen. Dies dient in der Trauma-Arbeit sogar primären therapeutischen Zwecken.

In der Tiefe des eigenen Inneren, aber auch in der schutzbietenden Realität, wird der sichere Ort aufgesucht, der je nach den Erlebnissen und Bedürfnissen der Betroffenen in und mit positiven Phantasien ausgestaltet wird. Über Wege der Imagination können auch Entspannungsorte oder märchenhaft konstruierte Bühnenbilder des Lebens festgelegt und im Bedarfsfalle genutzt werden. Zu diesen Eigenwelten darf Anderen problemlos der

Zugang verweigert werden. Es sind deine, für dich aufgenommenen Bilder.

Die Imagination ist für Lebenskünstler immer mit einem gewissen Geheimnis verbunden. Die Orte, Handlungen und Abenteuer müssen nicht mitgeteilt werden. Manchmal wirst du es bemerken, wenn sich dein Gegenüber an einem imaginierten Traum-Ort aufhält. Du wirst ein entspanntes Lächeln oder einen verklärten Blick wahrnehmen, vielleicht eine Öffnungsbewegung des Körpers, die sich am besten in der Handstellung erkennen lässt. Du solltest es dir wie Karl May zutrauen, Reisen zu unternehmen, auch wenn du dich nicht vom Ausgangspunkt entfernst. Nutze Erinnerungsbilder deiner Vergangenheit, Projektionen deines emotionalen Verlangens, aber auch über Medien vermittelte Fremderfahrungen. Lade dich dann selbst ein, an Exkursionen teilzunehmen. Du kannst dir gewiss sein, dass du weder eine Urlaubskasse öffnen musst noch dich unerwarteten Gefahren und Risiken aussetzen wirst.

Lektion 41: Scheue das Lebenswagnis nicht

„Alles Große, meine Damen und Herren, ist ein Wagnis", stellte der ehemalige Bundeskanzler Konrad Adenauer in einer Rede vor dem Deutschen Bundestag fest. Welche Konsequenzen hätte es, wenn wir diese Aussage nicht nur im Zusammenhang mit politischen Entscheidungen formulieren dürften, sondern im Rückbezug auf unser Leben. Wir müssten allerdings voraussetzen dürfen, auch unsere Existenz als etwas Großes, besser als etwas Großartiges zu beurteilen.

Mit falschen Lebensentscheidungen würden wir viel aufs Spiel setzen, ähnlich wie unsere gewählten Abgeordneten im Parlament. Es kann jedoch auch nicht sinnvoll sein, Entschlüsse zu blockieren oder zu vermeiden. Es geht schließlich um etwas Einmaliges, Unwiederbringliches, um ein Selbst mit begrenzter Lebensdauer.

Der Existenzphilosoph Karl Jaspers besetzte den Begriff „Wagnis" durchgehend positiv. Der Mensch habe sich perspektivisch selbst zu erfassen und zu begreifen. Er wächst an seinen Grenzerfahrungen des möglichen Scheiterns, die er immer aber selbst anders definieren und als notwendige Richtungslenkung verstehen kann. Jaspers beschreibt die existenzielle Selbstgegebenheit und die Selbsterkenntnis in Situationen des bedrohten Daseins symbolisch. Menschen glichen Schmetterlingen, die an den Stränden der Weltmeere aufgeregt hin und her flattern. Sie seien erfüllt von Lebensneugierde, zu erfahren, was sie hinter dem Horizont erwartet. Sie möchten jeden Augenblick hinausstreben, wissend, dass dieses Wagnis den sicheren Tod bedeuten würde. Dennoch könnten und würden sie es nicht vorziehen, am sicheren Ort zu bleiben.

Lebenskünstler sind wagemutige Menschen. Sie ordnen sich selten allgemein akzeptierten Normen unter. Sie streben nach neuen Wegen, begehen in der Regel keine ausgetretenen Pfade. Sie suchen bewusst die Randerfahrungen, um sich über dieses Erleben, ggf. auch über die Bedrohung, einen Rahmen ihrer Existenz geben zu können. Sie setzen sich mit oft vermiedenen Phänomenen auseinander, wie der Vorstellung ihrer eigenen Endlichkeit, der Selbstgefährdung durch körperliche bzw. seelische Erkrankungen oder durch soziales Scheitern.

Lebenskünstler kennen aber auch die Bedeutung der bekannten Lebensweisheit: „Wer wagt – gewinnt."

Da sie Optimisten sind, glauben sie eher an den Gewinn, als daran, zu verlieren.

Stelle dir vor, auf welche Weise du das Lebenswagnis suchen möchtest.

Konntest du längst fällige Entscheidungen treffen, für die dir bisher der Mut und die Entschiedenheit fehlten?

Lektion 42: Beliebigkeit oder Gleichgültigkeit?

Eine kaum mehr gebräuchliche, höfliche Form der Erwiderung auf das allgegenwärtige „Dankeschön" lautet „Wie es Ihnen beliebt".

Es ist bedauerlich, dass diese, eher den Dialog öffnende Floskel nicht häufiger bewusst genutzt wird. Stellen wir unserer Existenz die Vorzeichen der Beliebigkeit voran, heißt dies, dass uns selbst die Wahlmöglichkeiten weitgehend zugebilligt werden. Frei nach individuellem Belieben dürfen wir entscheiden, was für uns gut oder was für uns eher ablehnungswürdig ist. Deswegen darf die Beliebigkeit nicht mit dem Begriff bzw. Phänomen der Gleichgültigkeit verwechselt werden. Bei Letzterem besteht auf der Seite der Handelnden kaum ein Entscheidungsspielraum. Sie erleben sich ohnmächtig den Machtstrukturen gegenüber ausgeliefert. Ihre Haltung der Gleichgültigkeit resultiert aus dieser kaum wahrgenommenen Gestaltungsmöglichkeit des eigenen Lebens. Dem „Gleichgültigen" stehen keine Verhaltensalternativen zur Verfügung. Er erträgt seine Existenz, wie der Esel, der wegen seiner Scheuklappen nur einen schmalen Ausschnitt der Welt wahrnimmt. Er trägt bereitwillig sein Joch und zieht den schweren Karren, ohne sich eine Befreiung von seiner Last vorstellen zu können.

Demgegenüber darf der Mensch, dem die Beliebigkeit des Lebens angeboten wird, seine eigene Existenz planen.

Er darf nach seinen Vorlieben entscheiden, die er sich allerdings bewusst machen sollte.

Die Beliebigkeit stellt die Handlungsherausforderung in den Vordergrund.

Der auf diese Weise angesprochene Mensch sollte nicht der Versuchung der Verallgemeinerung nachgeben. Die Unterordnung unter Moden und das, was als üblich angesehen wird, führt zur Wahl des Beliebten und damit zur Aufgabe der Individualität.

Lebenskünstler kennen diese Unterschiede und berücksichtigen sie.

Sie genießen die Freiheit der Beliebigkeit des existenziellen Selbstentwurfs.

Sie legen Verzeichnisse an, in denen ihre Vorlieben für das Leben erkennbar sind.

Sie füllen ihre Beliebigkeit konsequent auf, manchmal ausdauernd und perfekt wie ein Lebensarchitekt.

Ein erfolgreicher Architekt plant Einzelobjekte und keine Reihenhaussiedlungen. Ähnlich handeln und planen die Lebenskünstler. Sie nutzen die Vielfalt der Baumaterialien der Existenz und bauen ihre Selbst-Konstrukte wie es ihnen beliebt. F

ordere auch du dich auf, die Tatsache deiner Beliebigkeit Wert zu schätzen und als Auftrag für dein Leben anzunehmen.

Lektion 43: Sprachkünstler

Wortgewandte Schriftsteller wie Hermann Hesse oder Stefan Zweig waren in der Lage, einen Eindruck oder eine Situation derart intensiv zu beschreiben, dass ihre Darstellungen jeweils eine Textseite oder mehr füllten. Sie fanden immer wieder neue Verben oder Adjektive, mithilfe derer sie die geschilderten Szenen oder Personen anders kolorieren bzw. einkleiden konnten. Sie nehmen auf diese Weise bis heute die Leser mit auf wunderbare Entdeckungsreisen und fesseln mit ihrer Sprachmächtigkeit deren Aufmerksamkeit. Von Johann Wolfgang von Goethe ist bekannt, dass er Wort- und Begriffssammlungen anlegte, auf die er zurückgreifen konnte, wenn ihm die Darstellung einer Handlung oder eines Sachverhaltes nicht eingehend genug gelungen war. Heute kann jeder, der dies möchte auf die Thesaurus-Funktion seines Computers zugreifen und sich zum gewählten Ausdruck Listen von Synonyma präsentieren lassen.

Auch die chinesischen Denker und Philosophen waren Sprachkünstler.

Ihre Texte können wie Gemälde betrachtet werden. Ihr Versmaß erscheint ebenso eindrucksvoll, wie die gezielte Auswahl der Worte. So beschreibt z. B. Lao Tse im Dao De King das Phänomen der erfüllenden Lehre mit einer einzigen Textzeile: „Wenn du als Gast geladen bist, nimm ein leeres Gefäß mit".

Es wird unmittelbar deutlich, dass es nicht nur darum geht, den Wein des Gastgebers zu genießen, auch wenn dieser kein Glas mehr zur Verfügung haben sollte. Den Lesern soll eine gesamte Lebenshaltung übermittelt werden. Je voller sie ihre Schränke und ihr Bewusstsein packen, desto weniger Aufnahmefähigkeit werden sie für die vielfältigen Lebensimpulse und Sinneseindrücke zur Verfügung haben.

Lebenskünstler benutzen die Worte und die Sprache als Erkenntnisinstrument.

Martin Heidegger bezeichnete die Sprache als „Haus des Seins", als „Herrin des Menschen und des Denkens". Es ist für Lebenskünstler daher unerlässlich, sprachlich flexibel zu sein und eine große Auswahl von sprachlichen Ausdrücken zur Verfügung zu haben. Sie legen keine Reichtümer an, sondern einen Wortschatz.

Du solltest diese Fähigkeit an einem Beispiel einüben. Stelle dir eine der nicht seltenen Spätdiskussionen anlässlich einer Party vor. Man wird „metaphysisch".

Man erörtert wieder einmal die Gottesfrage: Glauben oder nicht glauben? Du hast dir zu diesem Thema schon vorher eine Vielfalt von Begriffen in deine Worttruhe gepackt und reagierst überraschend wortmächtig.

„Wenn ihr von Gott redet, meint ihr das Phänomen des Absoluten, des Urgrundes, des Allumfassenden, des

Basalen Lebensprinzips, der Weltseele, des ersten Bewegers, des Schöpfungsprozesses".

Daher: Fühle dich fraglich herausgefordert. Lege dir einen Wortschatz an!

Lektion 44: Prüfe deine Negationen

Jean Paul Sartre sah die menschliche Existenz allzeit und in jeder Lebenssituation durch die Nichtung bedroht. Eine der wenigen Chancen, dieser stetigen Herausforderung zu begegnen, bestehe in der aufdeckenden Auseinandersetzung mit den „Negiertheiten". Unter dieser Rubrik richtete Sartre eine Anzahl von Begriffen und Phänomenen auf, mit denen sich die ins Leben geworfenen Menschen unweigerlich beschäftigen müssen.

So seien wir ständig mit der Krankheit der Abwesenheit bestraft. Auf der Suche nach uns selbst führten wir einen aussichtslosen Kampf, unfähig unsere wesentliche Bestimmung kognitiv zu erfassen.

Wir befänden uns immer wieder auf dem falschen Weg, müssten unsere vage entworfenen Ziele ständig revidieren.

Wir könnten Irrwege beschreiben, das Eigene aber in der Regel weder erfassen noch erreichen.

Wir glaubten dann, uns in der Zerstreuung glücklich machen zu können, müssten aber sehr bald feststellen, dass wir das Gegenteil erreichen.

Statt die Straße der Sammlung zu wählen, suchen wir Abwege von uns selbst.

Wir zerstreuten uns im wahrsten Sinne des Wortes und verlören daher immer weiter das Bewusstsein, eine Wesenseinheit zu sein.

Sartre schlussfolgert, dass wir Ergebnisabstand zum Leben hinnehmen müssen, statt uns dem Lebensprozess lustvoll zu überlassen.

Wie Erstklässler übten wir dann mit Begriffen und Vokabeln den umfangreichen Wissensstoff zu bewältigen. Wir begeben uns jedoch denkend eher weg vom Kern der Existenz. Mit dem selbst verordneten Abstand verlieren die Menschen den unmittelbaren Erkenntniskontakt. Der Abstand entfremdet uns den Dingen und uns selbst gegenüber. In der Folge erleben wir uns mit einem unvermeidbaren Ergebnis konfrontiert. Wir glauben die Realität zu verändern, meinen sie uns begrifflich zunutze machen zu können. Aus den Koexistenzen des tierischen und pflanzlichen Lebens werden Nutztiere und Nutzpflanzen. Auf diese Weise konstruierten wir vernichtende Eindimensionalitäten.

Lebenskünstler erkennen „Negiertheiten". Sie überprüfen ihre eigenen Gewohnheiten, auch wenn diese als alltäglich oder normal beurteilt werden.

Sie erlauben sich kritische Fragen, ob die eine oder andere Handlung oder Gewohnheit, das Anschaffen und

Aufräumen, das Besitzen und Verwalten wesentlich zum individuellen Lebensglück beiträgt. Lebenskünstler gönnen sich Zeiten des Nicht-Tuns und finden auf diese Weise eher zu sich, als wenn sie sich zerstreuenden Aktivitäten ausliefern. Sie überlassen sich gerne den inneren und äußeren Zufallssteuerungen, die sie sich selbst näherbringen können als die gezielte Lebensplanung.

Du könntest diese Einstellung spielerisch in deinen Alltag aufnehmen. Bastle dir ein Karten-Set der Negationen. Zeige dann häufiger deine Warn-Karten, spiel mit dir selbst oder mit anderen: Die Abwesenheitskarte, die Zerstreuungskarte, die Abstandskarte, vielleicht auch die Veränderungskarte, doch die könnte Positives bewirken.

Lektion 45: Bewusst Sein

Der Mensch behauptet von sich, dass einzige Lebewesen zu sein, dass zu sich selbst eine reflektierende Beziehung einnehmen kann. Lebensprozesse und Lebensphasen können selbständig konstitutiv erinnert und bewertet werden.

Auf ähnliche Weise sind Selbstentwürfe möglich, sowie gesamte Lebensläufe prinzipiell planbar. Mit dem Evolutionsgeschenk des Bewusstseins ausgestattet ist also jedem Menschen die Möglichkeit gegeben, bewusst zu existieren. Die Überlebensgrundausstattung besitzen wir mit unserer „Basisausrichtung", über unsere Instinkte und Triebe, die uns nur graduell eine Sonderstellung im Vergleich zum tierischen Leben gestattet. Wir könnten also problemlos existieren, vielleicht dann eher vegetieren oder an Grundbedürfnissen orientiert „vor uns hinleben".

Ohne zynisch sein zu wollen, müssen wir dies auch nicht wenigen Zeitgenossen zubilligen.

Das unterscheidend Menschliche, unser „kognitives Vermögen" fordert uns jedoch heraus, uns und unser Handeln selbst zu begründen. Wir sollen unsere außerordentlichen Fähigkeiten nutzen und uns selbst setzen. Gegebenenfalls sollen wir, wie im Schachspiel, Strategien entwickeln und unsere Position im Leben wahrnehmen bzw. verändern. Dies setzt voraus, dass wir bewusst sein wollen.

Du wirst fragen, wie du deinen Bewusstwerdungs-prozess einleiten solltest.

Wird es möglich sein, sich mit sich allein und aus sich heraus bewusst zu werden? Kann der Mensch sich ohne äußere Hilfen, über die Kommunikation mit anderen, ein aktuelles oder persistierendes Selbstbild aufbauen? Gelingt Bewusstsein daher nur kollektiv über die Vereinbarung von jeweiligen Lebensleitlinien?

Lebenskünstler fordern sich immer wieder zur individuellen Bewusstseinsbildung auf. Sie setzen sich sowohl in Bezug zum Eigenen wie zum Außenweltlichen.

Sie wollen bewusst atmen, sich bewusst ernähren, bewusst ihre Wahrnehmungsmöglichkeiten erfahren, bewusst in Beziehung gehen zu Dingen und Menschen.

Sie nehmen das Angebot an, dass ihr Leben in ihnen bewusstwerden darf.

Sie verstehen dies aber auch als immer wieder deutlich werdenden Auftrag, nicht achtlos das Wertvolle zu vernachlässigen.

Vielleicht könntest du dich, mit einer bekannten, eher abschätzigen Bemerkung, das Verhalten anderer betreffend, selbst motivieren. Mit der Feststellung „der ist doch nicht recht bei Bewusstsein", solltest nicht du gemeint sein. Suche also, wann immer es möglich ist, den bewussten Bezug zu dir und den Phänomenen der von dir erlebten Welt. Verordne dir ein bewusstes Dasein.

Lektion 46: Bilderverbot oder Bildergebot

In alten religiösen Vorschriften existiert ein Bilderverbot: Du sollst dir kein Bild machen von deinem Gott. Das unbeschreibliche, das unfassbare, das höchst verehrte Prinzip darf nicht in profanen menschlichen Darstellungsversuchen herabgewürdigt und beleidigt werden. Menschen kommen aber nicht umhin, ihre Gedanken, Wahrnehmungen und Gefühle mitzuteilen. Dies ist wörtlich zu verstehen. Wir wollen das, was uns beeindruckt und beschäftigt, mit anderen teilen. Wir wollen uns austauschen und uns gemeinsam Bilder der Wirklichkeit und des Überwirklichen vorstellen. Eine typisch menschliche Verstandeskategorie ist die Einbildungskraft.

Auch wenn wir aufgrund unserer beschränkten sinnlichen und logischen Wahrnehmungsmöglichkeiten keinen unmittelbaren Zugang zu den Dingen in, um uns herum und über uns hinaus besitzen, wollen wir uns die Realität einbilden. Bilder sind damit als Absichtserklärungen des um Wissen bemühten Menschen zu verstehen.

Auch das, was in der erfahrbaren Welt nicht unbedingt existiert, können wir uns einbilden. Die Einbildung ist in keiner Weise ein Abbild und auch nicht in Bezug zu setzen, zu einer sich selbst ins Bild bringenden und sich präsentierenden Natur oder Kreatur. Sie ist aber trotzdem als produktive menschliche Gabe zu schätzen.

Wir können und dürfen uns, in dem wir Bilder unseres Selbst und der Welt entwerfen und verwerfen, im wörtlichen Sinn in das Leben „hineinbilden". Nicht nur die Gemälde der großen Künstler liefern uns auf diesem Wege Zugänge zum Verborgenen, sowie zur Sinnerfahrung über die sinnliche Wahrnehmung. Es ergibt sich dann ein nachvollziehbares phänomenologisches Kontinuum: Bild – bilden – Bildung.

Aus dem Bilderverbot, Gott betreffend, wird dann das Gegenteil, ein Bildergebot, eine der originären Selbstherausforderungen des Menschen betreffend.

Lebenskünstler sind Maler. Sie stellen, weniger mit Leinwand, Farbe und Pinsel, als mit ihrem Einbildungsreichtum viel beachtete Darstellungen des Lebens zur gefälligen Schau. Sie fordern Mitmenschen wie Kunstlehrer dazu auf, ihr verborgenen Fähigkeiten zu entdecken und zu nutzen. Jeder Mensch besitzt ein fotografisches und auch ein abstrahierendes Bewusstsein, mit dem er in der Lage ist, persönliche Bilder seiner Welt aufzunehmen und zu zeichnen.

Du solltest diese Potenziale erkennen und sie nicht verkümmern lassen oder sie mit der gern benutzten Ausrede abwehren: „Tut mir leid, ich kann nicht malen."

Lektion 47: Fülle oder Leere

„Bedaure, wir sind voll", teilte der Gastwirt dem Besucher seines Restaurants mit, als dieser eine gute Mahlzeit einnehmen wollte. Ob er es wirklich bedauerte, dass sein Essen sehr geschätzt wurde, oder dass er dem Gast keinen Platz anbieten konnte?

In der Regel streben wir die Fülle an. Das prall gefüllte Portemonnaie wird ebenso geschätzt, wie der gut gefüllte Kühlschrank oder die komplette PKW-Tankfüllung.

Wir leben in einer Region dieser Erde, in der wir dem paradiesischen Traumzustand sehr nahekommen. Es gibt fast alles für den größten Teil der Bevölkerung im Übermaß. Trotzdem ist der Grad der erreichten Glückseligkeit mit der Höhe des Wohlstandspegels nicht gleichzusetzen. Manchmal stehen die Messgrößen sogar umgekehrt proportional zueinander in Beziehung. Im leichtesten erreichbar soll das Glück in den armen Ländern unseres Lebensraumes sein. Dem Hungrigen reicht eine sättigende Mahlzeit, dem Obdachlosen ein einfacher Raum zum erfüllenden Glück.

Damit sehen wir uns mit einem Paradoxon konfrontiert. Die Fülle stellt einen Endzustand dar, der nicht weiter positiv veränderbar scheint. Die Leere ist in der Regel auffüllbar und verspricht dann eher ein Glückserlebnis.

Die Phänomene Leere und Fülle gehören zu den Kernthemen des Daoismus. Dabei wird dem Zustand der Leere eine wesentlich größere Bedeutung beigemessen. Lao Tse fragt dementsprechend nach der Zweckhaftigkeit eines Hauses ohne Fenster oder Türen. Man könne nicht hineingelangen, um in ihm zu wohnen und man könne nicht hinausschauen oder Licht gewinnen, zum gefälligen Gebrauch dieses Hauses. Die Wesenheiten der Fenster und Türen aber seien durch ihre Leere bestimmt, ohne die sie ihre Funktion nicht erfüllen können.

Lebenskünstler haben diese nur scheinbare Paradoxie der erfüllenden Leere erkannt und wissen sie für sich zu nutzen. Sie bewahren sich stets räumliche und zeitliche Nischen im Alltag für neue Erfahrungen und unerwartete Lebenschancen. Sie schließen sich und andere nicht wegen Überfüllung aus, wie der oben genannte Gastwirt. Sie haben immer noch einen Platz für den unerwarteten Besucher anzubieten, da sie ihre Grenzen nicht starr, sondern flexibel ziehen. Sie genießen den Status der Leere als Möglichkeit, das Leben dann noch anfüllen, auffüllen und genießen zu können, wenn andere längst satt sind.

Folge dem Beispiel der Lebenskünstler zunächst nur in einem Punkt:

Schaffe dir genügend geistige, seelische und soziale Leerräume.

Lektion 48: (Er)Lebe dich leicht

In den 80er Jahren des letzten Jahrhunderts gehörte ein Buchtitel quasi zur Pflichtlektüre in den intellektuellen Kreisen: Milan Kunderas Roman „Die unerträgliche Leichtigkeit des Seins". Im Hintergrund einer vielfach blühenden Liebesgeschichte schildert der Autor das Streben nach Befreiung von gesellschaftlichen Normen und die nahezu selbstverständliche Forderung des Romanhelden nach individuellem Glück trotz generell herrschender Systemzwänge. Dabei wird die Lebensweise der sogenannten „freien Welt" für die Hauptakteure Tomas und Teresa letztendlich als qualvolle Leichtigkeit erfahren. Sie schaffen es nicht, ihre gewonnene Freiheit zu genießen und erleben ihr erotisches und soziales Scheitern.

Leichtigkeit ist leicht zu fordern, aber nicht einfach zu leben, dürfte man schlussfolgern.

In der Philosophiegeschichte finden wir viele Beispiele, die Leichtigkeit des Seins zu leben. Sokrates liebte das erweckende Gespräch mehr als materielle Güter. Epikur pries die Vorteile des Lustwandelns. Diogenes wurde dafür bekannt, dass er Alexander den Großen, als dieser ihm einen Wunsch freigab, lediglich bat, ihm aus der Sonne zu gehen. Rousseau pries die einfachen Regeln der Natur. Blaise Pascal folgte der Herzenslogik statt der Verstandeslogik. Ernst Bloch war überzeugt vom Geist der Utopie und vom Prinzip der Hoffnung.

Es ließen sich noch viele philosophische Positionen

aufzeigen, die den Weg der Leichtigkeit weisen könnten.

Lebenskünstler nähern sich diesem Ziel jedoch nicht nur reflektierend bzw. theoretisch an. Sie fordern die praktische Umsetzung.

Erste Teil-Lektion: Ersetze Schwere durch Leichtigkeit. Erlebe die Schwere deines Körpers, die dir Sicherheit verleiht. Niemand soll dich gegen deinen Willen, gegen deine Schwerkraft aus der gewählten Position bringen. Aus der Erfahrung der Schwere lasse dich hinübergleiten in das Gefühl der Leichtigkeit.

Spüre, wie der Kontakt deines Körpers zu dem ihn tragenden Grund mehr und mehr aufgegeben und aufgehoben werden kann. Du kannst dich, wie von einer Windböe, von der Leichtigkeit tragen lassen.

Zweite Teil-Lektion: Lasse die Leichtigkeit dich im Alltag begleiten.

Lächle, statt den Konflikt anzunehmen.

Signalisiere Entspannung, statt Anspannung.

Lasse dich von den Ereignissen bewegen, statt sie steuern zu wollen.

Teile den dir Begegnenden auf diese Weise mit, verbal oder nonverbal, dass heute „dein" Tag ist, an dem dich positive Empfinden begleiten sollen.

Und weil viele Tage, „deine Tage" sein sollen, betrachte die Strukturen als gegeben, aber nicht unbedingt als einengend oder störend.

Du wirst dich auf diese Weise zu den Künstlern und Künstlerinnen der Leichtigkeit gesellen können.

Lektion 49: Menschenschau

Wir können über das menschliche Leben ausgehend von unseren Ursprüngen nachdenken. Haben Menschen und Affen dieselben Vorfahren? Ab welcher Entwicklungsstufe reden wir von menschlichem Leben. Gibt es die ersten Menschen, und wo finden wir ihre Geburtsstätte? Wir dürfen uns über die Besonderheit der Gattung „Mensch" Gedanken machen. Haben wir einen spezifischen Auftrag zu übernehmen? Überschätzen wir unsere Bedeutung und unsere Stellung in der Welt? Wer gibt uns die Erlaubnis, uns die Erde untertan zu machen? Was ist das Gemeinsame, das Menschen verbindet? Was geht über die organische Vergleichbarkeit hinaus? Gibt es Gesetzmäßigkeiten des Seelenlebens und der sozialen Strukturen?

Anthropologen, Philosophen, Soziologen oder Psychologen widmen sich seit langem den angesprochenen Themen. Umfangreiche Lehrbücher werden von Generationen von Schülern und Studenten gelesen. Das abgespeicherte Wissen wird abgeprüft und überprüft und schließlich zu wissenschaftlichen Lehrgebäuden verdichtet.

Wir können uns also in vielfacher Hinsicht theoretisch mit Menschen beschäftigen. Lebenskünstler beschäftigen sich bevorzugt mit dem Leben, das heißt hier, mit den Menschen in seinen Aktionen. Sie halten sich gerne an belebten Orten auf und genießen die Fülle der sich ihnen präsentierenden Menschenbilder.

Welcher Gesichtsausdruck oder welche Bewegungs-folge charakterisiert den geschäftigen Menschen? Wie stellt sich die liebevolle Beziehung bei einem vorüberge-henden Paar dar? Wie sind Begeisterung, Langeweile oder Pflichterfüllung zu erkennen? Was signalisieren eilende Menschen? Wie und wann nehmen sie sich Zeit für Be-trachtungen? Gibt es unreflektierte Regeln im Strom der Masse? Werden Bewegungsrichtungen vorgegeben? Was passiert, wenn jemand ohne ersichtlichen Grund stoppt? Werden bestimmte körperliche und verbale Ausdrucks-weisen erwartet? Darf ein einzelner Mensch in öffentli-chen Bewegungsräumen ohne nachvollziehbare Begrün-dungen laut lachen, singen, heftig weinen oder seine Wut zum Ausdruck bringen?

Erlaube dir, wie die Lebenskünstler Stunden der Men-schenschau. Wähle einen Beobachtungsstandort z. B. in der Vorhalle eines Bahnhofs, am Rande einer Fußgänger-zone, in einem gut besuchten Park oder Museum. Deute die Mimik und die Gestik der Menschen, nimm Schönheit und Ausdrucksstärke wahr, sowie die Einmaligkeit jedes menschlichen Lebens. Erlaube dir die Details, wie mit ei-nem Foto, allein für dich festzuhalten.

Du wirst erkennen, es gibt kaum etwas Interessanteres, als Menschen zu betrachten.

Lektion 50: Fange einfach an!

Eine häufige neurotische Erscheinung ist die sogenannte „Aufschieberitis".

Psychologen und Psychiater nennen dieses Phänomen Prokrastinationsverhalten. Aufgaben, die erledigt werden müssen, bleiben unerledigt und werden auf ungewisse Zeit verschoben. Hinter diesem, für Außenstehende ärgerlichen Versagen, liegen nicht selten schwerwiegende Antriebs- und Stimmungsstörungen verborgen. Die einfach zu bewältigenden Schritte wären die ersten auf einer längeren Wegstrecke. Das eigene Leben erscheint blockiert, aufgrund von Ängsten oder nicht bewältigten Lebensniederlagen oder Verlusten.

Warum sollten die kleinen Dinge noch eine Bedeutung besitzen, wenn die großen Ziele kaum mehr erreichbar erscheinen. Also fassen wir uns in Apathie und warten auf morgen, und das möglichst jeden Tag, oder?

Lebenskünstler propagieren gegen gerichtete Strategien. Auch wenn das Leben momentan mehr Belastung als Freude zu versprechen scheint, nimm es als Herausforderung an. Denn nur du bist aktuell gemeint. Schiebe die Lösung deiner Probleme nicht weg. Erwarte nicht, dass andere deine Aufgaben erledigen werden. Beziehe Position und lebe damit positiv.

Hermann Hesse bringt diese optimistische Lebenseinstellung mit einem Satz in seinem Roman „Peter Camenzind" zum Ausdruck: „Nun, wo ein Anfang gemacht ist, kommt immer das Beste von selber nach".

Lebenskünstler stellen diese Feststellung nicht infrage. Pessimisten mögen nicht daran glauben. Daher bleibt der einfache Beweis zu führen, der Aufforderung zunächst zu folgen.

Fangen wir also einfach an. Womit und mit welcher Absicht ist zunächst unerheblich. Insbesondere wollen wir nicht über Sinn oder Zweckhaftigkeit, positive oder negative Konsequenzen unseres Tuns nachdenken. Wir handeln, um des Handelns willen.

Lebenskünstler wollen dabei keine allgemeingültige Definition suchen und akzeptieren, was das Beste für sie ist. Die Deutungsaufgabe stellt sich für sie erst immer im Nachhinein. Sie könnten dann z.B. feststellen: Es war das Beste für mich, dass ich diesen Job verloren, diese Prüfung nicht bestanden, diese Beziehung nicht gerettet habe.

Wir können die Folgen unseres Handelns selten voraussehen. Wir können aber annehmen, dass die Entscheidung richtig ist, wenn es uns gelingt, jedes mögliche Lebensereignis als das sehr wahrscheinlich Notwendige zu sehen.

Demnach könnten wir feststellen: Es lohnt sich immer anzufangen, denn jeder Anfang kann der Beginn einer erforderlichen Entwicklung und damit nachvollziehbar gut für uns sein.

Lebenskünstler deuten das „Was" der Liebe immer auch als kritische Anfrage an die Art und Weise der liebenden Beziehungsgestaltung. Sie eröffnen damit vielfältig und vielseitig Liebesbeziehungen, die andere nicht immer verstehen.

Versuche den Lebenskünstlern zu folgen. Benutze die Formulierung „ich liebe dich" universell. Probiere die Wirkung dieser Worte aus, bezogen auf möglichst viele dinghafte Beziehungen in deinem Alltag. Beachte dabei die „griechische Breite" des Begriffsverständnisses.

Lektion 51: Gestalte dir die Welt, wie sie dir gefällt

Die größte Romanheldin unserer Kindheit war, ohne Zweifel, Astrid Lindgrens „Pipi Langstrumpf".

Sie durfte ein Leben nach ihrer freien Wahl führen. Sie war in jeder Hinsicht liebenswert verrückt und setzte sich problemlos über Erwartungen und Regeln der Erwachsenen hinweg. Ihr Lieblingslied propagierte die Kernbotschaft „Ich mache mir die Welt, so wie sie mir gefällt". Pippi sprach damit eine tiefe Weisheit aus. Wir sind per biologischer Prägung mit einer Art von Filter ausgestattet. Umweltreize erreichen uns niemals original, sondern je nach dem vorgegebenen Aufnahmespektrum unserer Sinnesorgane persönlich transformiert.

Ein einfaches Beispiel ist die Rot-Grün-Blindheit, eine angeborene Störung der Farbwahrnehmung. Derartig Betroffene färben ihre Realitätssicht anders ein als die überwiegende Zahl ihrer Mitmenschen. Was wir wegen unserer angeborenen Erkenntnismuster ohnehin täglich unbewusst praktizieren, vollzieht Pippi bewusst.

Sie gestaltet ihre Welt nach ihren Vorstellungen und nach ihren Bedürfnissen.

Wenn sie zwei verschiedenfarbige Strümpfe oder nicht zueinander passende Schuhe trägt, entspricht das ihrem Geschmack und ihrem Schönheitsempfinden.

Sie lässt sich in dieser Hinsicht nichts vorschreiben.

Lebenskünstler übernehmen diese Lindgren-Prinzipien. Sie haben wie Pippi Langstrumpf dabei grundsätzlich gute Absichten und sind in gewisser Hinsicht missionarisch im Alltag unterwegs. Sie fordern, wenn nötig, auf eindringliche Weise dazu auf, Individualität zu leben. Sie können dabei gut unterscheiden zwischen gesetzlich fixierten Normen, die tunlichst nicht missachtet werden sollten und sozialen Normen. Letztere stellen in der Regel ausgesprochene oder allgemein erwartete Verhaltensweisen dar, die in den meisten Fällen nicht sonderlich erläutert oder gerechtfertigt werden müssen. Gebräuchlich sind dann die Formeln „das ist normal", „das war immer so" oder „man erwartet das von dir".

Lebenskünstler wollen Begründungen wissen, wenn sie sich an das Unausgesprochene halten sollen. Wozu ist es notwendig, überlebenswichtig etc.? Falls sie nicht mit der Argumentation zu überzeugen sind, trauen sie sich auch, sich provokativ anders zu verhalten. Dabei verlieren sie ihr primäres Ziel niemals aus den Augen. Sie wollen Ihren Alltag, soweit wie möglich, nach ihren Bedürfnissen gestalten und leben.

Vielleicht hilft es dir, häufiger lautlos oder durchaus vernehmbar das Pippi-Langstrumpf-Lied zu singen oder zumindest munter vor dich her zu summen.

Lektion 52: Was du lieben sollst

Das Wort „Liebe" wird in der deutschen Sprache für viele Phänomene genutzt. Es muss dann jeweils unterschieden werden, mit welcher Beziehungsaussage es zu verbinden und mit welchem Affekt es unterlagert ist.

Im Griechischen gibt es jeweils andere Bezeichnungen für die erotische Liebe, für die eheliche Liebe, für die freundschaftliche Liebe, für die leidenschaftliche Liebe oder für die caritative Liebe. Unabhängig vom sprachlichen Ausdruck muss weiterhin geklärt werden, ob die Bezeichnung „Liebe" zu dem gewählten Objekt passt. Hermann Hesse stellt in einer seiner vielen philosophischen Reflexionen diese Frage. Hierzu lässt er Siddhartha (in seinem gleichnamigen Roman) zu Wort kommen, der deutlich macht, was er zu lieben gedenkt.

Er könne einen Stein lieben und auch einen Baum oder ein Stück Rinde. Er könne aber keine Lehren lieben. Sie seien für ihn nichts.

Sie besäßen weder Härte noch Weiche, weder Geruch noch Geschmack. Siddhartha lebt eine wesentlich intensivere Selbstliebe und menschliche Liebe. Er sucht die innerste Verbundenheit ebenso wie die äußerste Verankerung. Er ist für diese Geschenke bereit, materielle Güter und den üblichen alltäglichen Komfort aufzugeben. Er lässt seine Seele bestimmen und antworten, wenn er sich liebend bindet. Siddhartha findet in allem dinghaft Gegebenen Liebenswertes. Menschliche wie sachliche uns begegnende Objekte senden uns Beziehungsaufträge, wenn wir sie nur verstehen wollen.

Lebenskünstler besitzen für diese Signale eine besondere Auffassungskompetenz und Auffassungsfähigkeit.

Sie nehmen die Farben und Düfte der Blumen ebenso als Liebesangebot an wie das wolkenlose Blau des Himmels oder den vielstimmigen Gesang der Vögel.

Sie verstehen die vom Urvertrauen geprägten Blicke der Kinder und domestizierten Tiere in ähnlicher Weise als Liebesbekundung wie jede einladende Geste der Natur.

Sie können auch die verlangende Liebe erkennen und verstehen.

Sie hören das um Zuwendung bittende Weinen eines Babys, die kaum vernehmbaren Rufe vernachlässigter Kreaturen.

Sie spüren die Bedürftigkeit durstender Pflanzen oder die Hilferufe der ihres Lebensraumes bzw. ihrer Lebensmöglichkeiten beraubten Tiere.

Lektion 53: Erlaube dir, zynisch zu sein

Mark Twain formulierte einen bemerkenswerten Satz, den wir zynisch nennen dürfen: „Wenn wir bedenken, dass wir alle verrückt sind, ist das Leben hinreichend erklärt."

Die zynische Lebenshaltung ist so alt wie die europäische Philosophie. Im Jahre 300 vor Christus gründete Antisthenes die Philosophenschule der Kyniker, die, wie die wörtliche Übersetzung lauten müsste, ein Leben wie die Hunde führen wollten. Sie forderten 2000 Jahre vor Jean Jacques Rousseau die Rückkehr zur Natur. Damit verbunden priesen sie die Bedürfnislosigkeit und forderten die weitestgehende Missachtung der verordneten Werte und ethischen Leitlinien. Ihre bevorzugte Ausdrucksweise bestand im Hohn und im Spott. Der bekannteste Kyniker war Diogenes von Sinope. Er onanierte schamlos auf offener Straße und erlaubte sich dies mit Hinweis auf die Hunde, die ebenfalls ohne Bedenken öffentlich kopulierten und ihrer Triebsteuerung gemäß handelten. Diogenes soll bedürfnislos in einer Tonne gelebt haben. Zyniker stellen die Dinge so dar, wie sie sind, ohne Rücksicht auf das, „was sich gehört". Sie hinterfragen die Scheinmoral und kritisieren ohne auferlegte Tabus. Auf ihre Weise attackieren sie schonungslos die Weltsicht und Weltdeutung der obrigkeitshörigen und ideologieverhafteten Zeitgenossen. Manchmal reicht ein einziger tiefsinniger Satz aus, um die aktuellen Lebensverhältnisse karikierend darzustellen.

So beschrieb Ernst Jandl in seinem Gedicht „Lichtung" zum Beispiel die politische Situation in Deutschland provokativ über Buchstabenverdrehungen: „Manche meinen, lechts und rinks kann man nicht velwechsern, werch ein illtum."

Lebenskünstler erlauben es sich, die Tradition der kynischen Schule aufleben zu lassen. Sie nutzen auch die vielfältigen Gedankenanstöße und Anstößigkeiten der zeitkritischen Autoren wie Heinrich Heine, Kurt Tucholsky oder Erich Kästner. In der Gegenwartskultur scheint der Zynismus in seiner Reinform eher weniger geläufig zu sein.

Er geht möglicherweise in der Ironie und im Sarkasmus der Kabarettisten auf. Die zynische Schamlosigkeit wird offensichtlich nur noch Kindern, Intelligenzgeminderten oder psychisch Kranken zugebilligt.

Lebenskünstler trauen sich, sich hier einzureihen. Sie nutzen die Tarnkappen der Naivität und des Nichtwissens, um aufdeckend zu fragen und zu hinterfragen.

Erlaube dir selbst häufiger, die Rolle der Lebenskarnevalisten zu übernehmen.

Denn in diesem Fall gilt die Devise: „Im Karneval ist vieles erlaubt, was du sonst nicht darfst, auch die Verhöhnung der Obrigkeit".

Lektion 54: Die erweckende Kraft der Verzweiflung

Kanntest du Situationen, in denen du annahmst, in keiner Weise mehr weiterzukommen? Deine Gefühle signalisierten dir die Lebensniederlage, unüberwindbare Barrieren, Finalität. Du glaubtest resignieren zu müssen. Nichts schien mehr Sinn zu ergeben.

Deine Lebensniederlagen sind nur mit einem Begriff beschreibbar, Verzweiflung!

Beachte jedoch eines: Du befindest dich auf der Gefühlsebene deiner Existenz.

Dir bleibt immer die Chance, auf die Vernunftebene überzuwechseln. Du stemmst dich phänomenologisch gegen die dich beherrschende Stimmung. Was heißt denn hier Verzweiflung? Es geht um den Umgang mit einer kognitiven Grundkompetenz, um den Zweifel. Menschen dürfen und sollen zweifeln. Sie sollen nicht unhinterfragt Vorgaben der großen Ideologie-Systeme Religion und Politik annehmen. Die eigene Stellungnahme zum Leben ist notwendig. Letztendlich sind es immer eher die Zweifler, die sinnvolle Veränderungen und Entwicklungen initiieren. Einzig, wenn der Zweifel ausgeht, erscheint Verzweiflung angesagt, ob jeweils notwendig, bleibt zu diskutieren. Vielleicht dient die vorrangige Affektsteuerung jedoch auch dazu, Basisüberzeugungen wiederzufinden und sogenannte „Gegenaffekte" zu mobilisieren.

In Hermann Hesses großem Alterswerk „Das Glasperlenspiel" wird dies deutlich: „Die Verzweiflung schickt uns Gott nicht, um uns zu töten; er schickt sie uns, um neues Leben in uns zu erwecken."

Wir brauchen diese aufrührenden Lebensphasen, um uns immer wieder wach zu rütteln und existenzielle Überlebenskräfte in uns zu erwecken. Diese versiegen nur mit dem zu Ende gehenden individuellen Leben. Wir wissen, dass wir uns selbst in scheinbar aussichtslosen gesundheitlichen Krisen auf unser immunologisches und seelisches Abwehrsystem noch verlassen können.

Lebenskünstler vertrauen den in ihnen ruhenden inneren Kräften. Sie kennen sehr wohl kritische Lebenslagen, auch Phasen des Selbst-, Welt- und/oder Sinnzweifels. Sie nutzen diese Stimmungslage jedoch, indem sie die Herausforderung annehmen. Ihre Wegstrecke leitet sie von der Verzweiflung über den Zweifel zum Widerstand und zur Neuorientierung. Aus der Resignation erwächst die Aus- und Aufbruchstimmung.

Lebenskünstler wandeln die negativen Energien in positive Energien um.

Sie wissen daher, die Verzweiflung auf ihrer Art zu schätzen.

Führe dir selbst Lebenssituation vor Augen, die dich verzweifeln ließen.

Rekapituliere deine Reaktionen sowie die wiedergewonnene Lebensorientierung.

Nutze die konstruktiven Kräfte deiner Erinnerung.

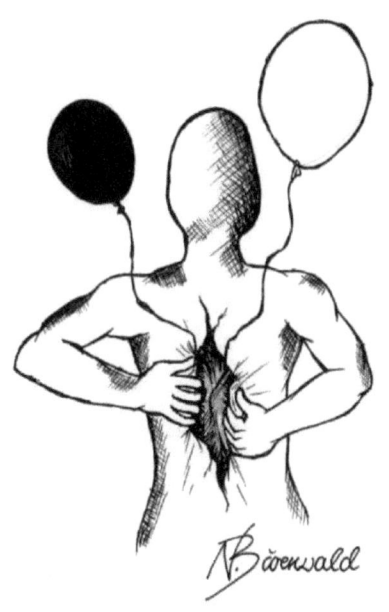

Lektion 55: Bunte Tage

„Tut mir leid, ich kann leider die faszinierende optische Vielfalt der Welt nicht wahrnehmen, ich bin farbenblind!" Weniger als 10 % der Menschen müssen dies aus medizinischen Gründen feststellen, wobei hier korrekt in der Regel von einer Rot-Grün-Sehschwäche gesprochen werden sollte. Alle übrigen Menschen stehen nicht vor einer biologischen Barriere, wenn sie das scheinbare Grau-in-Grau des Alltags hinter sich lassen wollen. Verlasse daher häufiger die eintönig gefärbten Szenerien deines Lebens. Farblose Tage beeinflussen deine Grundstimmung nicht unbedingt positiv. Übernimm daher selbsttätig Kolorierungsaufgaben. Beginne damit, bewusst auf die Farbsuche zu gehen. Welche Farben begegnen dir auf deinen üblichen Gehstrecken? Konzentriere dich auf das leuchtende Gelb, das satte Rot oder das tiefe Blau. Erlebe wie vielfältig und fein differenziert sich das Grün der Natur dir präsentiert. Vielleicht möchtest du einmal wieder das bekannte Spiel deiner Kindheit erleben: „Ich sehe was, was du nicht siehst, und das hat die Farbe …"

Du wirst in diesen Momenten deine Wahrnehmung fokussieren und den vielen „Kleinigkeiten" des Alltags eine sinnliche Bedeutung geben. Wie die Kinder es immer wieder erreichen, uns mit ihrer Spontanität und Lebensneugierde zu infizieren, könntest du dich auch als

„vernünftiger Erwachsener" wieder einmal kindlich verhalten. Du darfst die Menschen, deine Mitspieler, auf diese Weise einbeziehen in die Faszination der Re-Kolorierung unseres Alltags. Möglicherweise nutzt du aber auch die Kontrastbilder. Du schaltest, wie bei einem Fernsehgerät, die Farbbilder um auf Schwarz-Weiß-Programme. Wie erlebst du die farblose Welt? Kannst du die Grau-in-Grau-Stimmung ertragen?

Lebenskünstler lieben die Farben. Sie sind innerlich wie äußerlich bunte Menschen. Sie tragen in ihren Taschen immer ein Päckchen Buntstifte mit sich, mit denen sie ihr Leben kunterbunt ausmalen.

Nimm dir häufiger einmal Aufgaben für einen farbigen Alltag vor. Du könntest dir z. B. in der Imagination einen leeren Bilderrahmen vorstellen, den du über eine Alltagsszene projizierst. Du darfst dann spontan künstlerisch tätig werden und diese Szene ausmalen, wie du es möchtest, auch mit grellen oder surrealen Farben. Vielleicht nutzt du aber auch sogenannte Mandalas, um dich farblich in der wahrsten Bedeutung zu „beSinnen". Gestalte dein Leben künstlerisch bunt!

Lektion 56: Lasse dich

„Nimm dich selbst wahr, und wo du dich findest, da lasse dich." Diese Aufforderung des Predigers und Mystikers Meister Eckhart aus dem 14. Jahrhundert erscheint heute wieder moderner denn je. Sie könnten den vielfältigen Appellen und Angeboten vorangestellt werden, die mit dem Wort „Achtsamkeit" überschrieben werden. Die Theologin Christine Büchner interpretierte den Auftrag des Meister Eckhart wie folgt: „Es geht darum, gelassen zu werden, also alles, was ich will und wissen und haben will, erstmal sein zu lassen. Nicht meine eigenen kurzsichtigen Ziele zu verfolgen, sondern sozusagen das Leben auf mich zukommen zulassen." Entscheidend für diese Lebens- und Glaubenshaltung ist die „Durchlässigkeit".

Nur der durchlässige Mensch ist frei für sein Leben und für seine inneren Aufträge. Er lässt seinen immanenten Willen zu. „So lange du deine Werke ... von außen her wirkst, so lange ist es wahrlich nicht recht um dich bestellt." (Meister Eckhart).

In jedem Menschen ist ein Grund seines Selbst angelegt und erreichbar. Voraussetzung, dorthin zu gelangen, ist es frei zu werden, die Welt und sich selbst zu lassen. Die Durchlässigkeit wird durch die Strukturen und Handlungsherausforderungen unseres Alltags getrübt.

Meister Eckhart erkennt drei hauptsächliche Faktoren:

Die Körperlichkeit, die Vielheit und die Zeitlichkeit.

Du kannst dich nicht selbst zulassen und erfahren, wenn dir deine äußere körperliche Präsentation und das alleinige organische Wohlbefinden wichtig sind. Die Zerstreuung deiner Selbst in der verwirrenden Kultur- und Lebenswelt spielt der inneren Einheitserfahrung entgegen. Die wie selbstverständlich aufgebauten Tagesstrukturen und die Terminierung des Menschen verhindern seine und deine Begegnung mit dem Zeitlosen. Die grundlegenden Aufträge der Lebenskünstler sind die Überwindungs-prozesse.

Im Loslassen erfahren sie die Befreiung, nicht nur die Freiheit „von" überflüssigen Selbstanteilen, sondern auch die Freiheit „für" die Tiefendimensionen des eigenen Lebens. Die Aufforderung „lasse dich" solltest du als einen der wichtigsten Aufträge an und für dich verstehen.

Suche und übe daher so oft wie möglich die Gelassenheit. In der Haltung des Lassens wirst du innere Ruhe und Versenkung, die Selbst- und Welthingabe und eine je individuelle Form der Weisheit finden.

Lektion 57: Beachte deine Meinung

Wie häufig wird dir die Frage gestellt: „Was meinst du dazu?" Deine Meinung scheint anderen wichtig zu sein. Vielleicht geht es darum, sich selbst hinsichtlich der eigenen Werturteile und Auffassungen abzusichern. Die allgegenwärtige Weise der Selbstbestätigung scheint die übereinstimmende Meinung darzustellen. Dem „Meinen" und dem „Fürwahrhalten" fehlt sowohl persönlich wie allgemein die hinreichende Gewissheit. Es kann daher nur im weitestgehenden Konsens eine objektive, hier eher eine öffentliche Meinung existieren. Wir sind daher immer herausgefordert zur eigenen Urteilsbildung. Letztendlich sollte es daher ein Akt der Selbstverantwortung und des Selbstentwurfs sein, sich seine Meinung von der Welt zu bilden. Wir sollten uns dann auch der notwendigen Konsequenzen bewusst sein.

Epiktet, einer der bekanntesten Philosophen der Stoa, brachte dies mit den folgenden Gedanken zum Ausdruck: „Nicht die Dinge beunruhigen den Menschen, sondern ihre Meinung über die Dinge. Wenn wir also auf Schwierigkeiten stoßen, in Unruhe und Kümmernis geraten, dann wollen wir die Schuld niemals auf einen anderen schieben, sondern nur auf uns selbst, d. h. auf unsere Meinung von den Dingen."

Damit wird deutlich, dass du selbst deine Befindlichkeit, deine Selbstwahrnehmung und deine Lebensperspektive über die zugeordneten Kategorien deiner Vernunft bewertest und beeinflusst. Ordnest du z. B. ein zunächst erfahrenes Scheitern einer zweckvollen Fügung des Schicksals zu, wirst du anders damit umgehen. Ähnlich wird der Schmerz, für sich allein wahrgenommen, als Pein oder Qual erlebt. In der Verbindung mit den Phänomenen Schuld oder Sühne, Signal oder Hinweis, Widerstandskraft oder persönliche Stärke wird ihm eine andere, in der Regel besser zu verarbeitende Deutung zugeordnet.

Lebenskünstler stellen sich den Gegebenheiten und Ereignissen des Lebens mit einer eigenen Einstellung. Sie vertreten keine vorgefasste und verallgemeinerungsfähige Meinung. Sie fordern sich selbst heraus, aufzufassen und Stellung zu nehmen. Sie ordnen sich keinen Lehrmeinungen unter, sondern sie erfahren sich als jederzeit betroffenen, sich selbst zu äußern und eigene existenzielle Erfahrungen zu bewerten. In diesem Fall können sie von der Dominanz der Dinge zur Subjektivität und zur eigenen emotionalen Einfärbung des Erlebens gelangen.

Daher beachten Lebenskünstler die prägende Kraft ihrer Meinungen.

Lektion 58: Du bist in der Ausbildung

Kannst du dir die folgende Szene vorstellen? Ein Mensch in bereits fortgeschrittenem Lebensalter wird nach seinem Beruf gefragt. Die verblüffende Antwort lautet: „Drücken wir es einmal so aus, ich bin mein Auszubildender." Hier wären zwei Phänomene zu klären. Die Ausbildungszeit gehört in der Regel in die ersten maximal 3 Lebensjahrzehnte. Des Weiteren: Wie kann man sowohl Meister wie Schüler sein, bei sich selbst in die Lehre gehen?

Erste Erklärungen finden wir über eine grundlegende Erweiterung des Bildungsverständnisses. Pestalozzi erteilte Schülern jeden Alters den Auftrag der „allgemeinen Emporbildung der inneren Kräfte der Menschennatur zur reinen Menschenweisheit". Somit sind sowohl die erforderliche Selbstbeteiligung im Bildungsprozess als auch die lebenslange Aufgabe gefordert. Wilhelm von Humboldt verstand dementsprechend, gebildet sein als stetige Abgleichung der Verknüpfung von Ich und Welt. Das Bedürfnis, sich zu bilden, sei in jedem Menschen angelegt und müsse nur geweckt werden. Bildung beziehe sich dann nicht nur auf vorgegebene Lerninhalte, sondern auf die Gesinnung und die Ausbildung des Charakters. Bildung sei demnach als ein komplexer, nie abgeschlossener Prozess zu verstehen. Schon die Vorsokratiker vertraten eine entsprechende, eher noch weitergehende Einstellung. Sie deuteten den Menschen im umfassenden Sinne als „homo sapiens", als weises und wissendes Wesen, das über den stetigen Auftrag der Bildung und Herausbildung des Selbst die Übereinstimmung der Persönlichkeit mit dem Leben als solchem wissend erreichen will. Schon Heraklit erkannte und postulierte die Zugehörigkeit des Menschen zum Logos, zur Weltvernunft bzw. zum Gesamtsinn der Wirklichkeit.

Lebenskünstler nehmen so oft wie möglich diesen Bildungsauftrag an. Sie erkennen, dass ihr jeweiliges Ich, ein Werk ihrer selbst ist, ebenso wie die Auffassung und Interpretation der Welt, in der sie leben. Sie arbeiten mit stetigem Bemühen daran, sich selbst einzuordnen in natürliche Sinnvorgaben, die sie mit einem nicht zu stillenden Bildungshunger erfassen wollen. Sie berücksichtigen damit eine der wichtigsten Feststellungen des Humanismus: „Ohne Bildung hört der Mensch auf, Mensch zu sein" (Erasmus von Rotterdam).

Lektion 59: Orientiere dich

Von den ersten Momenten des erwachenden Lebens an suchen Kinder, später auch die Erwachsenen, biografiebegleitend nach ihrer Ausrichtung und Sinnorientierung.

Mit der Rückbildung der Triebsteuerung erscheinen die Vorgaben des Lebens kaum allgemeingültig, häufig eher verwirrend. Man wähnt sich in einem Irrgarten, aus dem es keinen Ausweg zu geben scheint. Man strebt ziellos voraus, mit der stetigen Hoffnung anzukommen.

Schon die Griechen der Antike kannten dieses existenzielle Grundproblem. In ihren Mythen verarbeiteten sie menschliche Grundängste, aber auch symbolische Lösungswege.

Ein typisches Element der bilderreichen frühen griechischen Vorstellungswelt ist der „Ariadne-Faden", ein Geschenk der Prinzessin Ariadne, Tochter des kretischen Königs Minos, an Theseus. Mit Hilfe des Fadens fand der verliebte Königssohn seinen Weg aus dem Labyrinth heraus, in dem der Minotaurus lebte. Das stierköpfige Ungeheuer verbreitete Angst und Schrecken. Es drohte den Menschen, die ihm zu nahekamen, mit dem gewaltsamen Tod. Die Lehre, die den Menschen auf mythologische Weise vermittelt wird, lautet: Man kann ein Labyrinth immer verlassen, wenn man an dessen Eingang einen Faden anknüpft, der die sichere Orientierung auf dem Weg zurück vermittelt.

Auch gegenwärtig bedienen sich Höhlenforscher noch dieser einfachen Technik.

Sollten Lebenskünstler nicht ähnliche Wege finden und gehen, um sich sicher durch das Labyrinth des Lebens zu bewegen? Sie könnten den „Ariadne-Faden" als Leitschnur durch die Turbulenzen ihrer Biografie nutzen.

Dieser „Lebensfaden" wird angebunden an die Startpunkte jedweder individuellen Existenz, an die Stunde der eigenen Geburt. Jede Lebensphase lässt sich herleiten aus der vorhergehenden und überleiten in die zukünftige. Die Lebensläufe der Lebenskünstler enthalten somit immer eine immanente Lebenslogik. Der biografische Sinn wird durch den „roten Faden" dargestellt, der sich durch die verschiedenen Lebensalter windet und auf diese Weise im wahrsten Sinne des Wortes eine Verbindlichkeit schafft.

Du solltest die Herausforderungen annehmen und dein Leben deuten und anerkennen als Abfolge nachvollziehbarer Entscheidungen und Ausrichtungen. Auf der Endstrecke deiner Biografie wird sich dir dein Leben als persönliches, gewachsenes und gewolltes Selbstkonstrukt präsentieren.

Lektion 60: Lebe unperfekt

Perfektionisten lieben die 100%-Lösungen. Sie streben in jeder Hinsicht nach Vollkommenheit. Sie unterlassen keine Bemühungen, mit dem letzten feinen Pinselstrich ihren Alltag zu kolorieren. Leiste, arbeite und handle korrekt, ist der oberste Wert und Leitspruch dieser Spezies „Mensch". Es fällt dann häufig nicht auf, dass lebensökonomische Grundsätze nicht beachtet werden. Für das Erreichen eines adäquaten und akzeptablen Zielwertes bedarf es wahrscheinlich nur 50% der Anstrengungen und der investierten Lebenszeit im Vergleich zur vollständigen Zielerreichung. Könntest du dich mit Mittelstrecken und Basiswerten zufriedengeben? Erlebst und bewertest du dich als Versager, wenn du die oberste Leistungsnorm nicht erreichst? Vielleicht vermagst du dich aber auch als Gewinner zu fühlen, wenn du nicht dem höchst Erreichbaren nachstrebst, dich nicht dauerhaft herausfordern und überfordern musst. Zeige dir selbst deine selbstgesteckten Alltagshandlungs- und Lebensziele auf.

Lebenskünstler definieren ihren Perfektionsanspruch auf ihre eigene Weise. Für ihre Lebensfreude und für ihren gelungenen Alltag brauche sie nicht viel. Stelle dir einmal einen für dich erfüllenden perfekten Tag vor. Was wird er dir zeitlich, örtlich und situativ bieten? Was wird für dich ein gelungener Tag sein? Wahrscheinlich wirst du erstaunt sein, dass du nicht das Außergewöhnliche, das Kostbare, das Abenteuerliche erwartest.

Du wirst die kleinen, filigranen Anteile, die Mußestunden des Tages schätzen lernen.

Der perfekte Tag wird nicht notwendigerweise gleichzusetzen sein mit erreichten hohen Vorgaben. Er wird vielmehr aus deinen selbst ausgewählten Besonderheiten bestehen.

Sobald du diese aufbaust zu Perfektionsleistungen, wirst du die Zufriedenheit verlieren. Selbst wenn du hochgesteckte Ziele erreichen wirst, könntest du sie mit deiner Erschöpfung und vorübergehenden Ziellosigkeit bezahlen müssen.

Demnach: Lebenskünstler bevorzugen das Unperfekte. Es bietet ihnen immer eine Chance fortzufahren, aber auch die Möglichkeit, ihre Tage gelassener und ohne Leistungsdruck zu gestalten.

Lektion 61: Steige aus

Lebenskünstler sind Aussteiger. Sind Aussteiger Lebenskünstler? Die Tagträume vieler Menschen nehmen nicht selten deren Wünsche auf, alles hinter sich lassen zu dürfen und unkonventionell im Einklang mit der Natur zu leben. Nur wenige Träumer wagen die Realisation. Sie wählen ihr Domizil auf einer einsamen Insel oder in der scheinbaren Idylle des ländlichen, bäuerlichen Lebens. Aussteiger verordnen sich andere Lebensregeln. Sie verweigern sich dem bürgerlichen Alltag. Sie gefallen sich in Alternativen.

Mit welcher Berechtigung muss Bestehendes erhalten werden? Wer beschließt die Normalität des Faktischen?

Aussteiger gab es in allen Epochen und Kulturen der Geschichte. Einer der bekanntesten „alten Griechen" war Diogenes von Sinope, der wie es überliefert ist, in einer Tonne wohnte und das Leben eines Hundes führen wollte („der Kyniker"). Er soll Alexander den Großen aufgefordert haben, ihm aus der Sonne zu gehen und öffentliche, bestehende moralische Vorstellungen seiner Zeitgenossen zu missachten. Thomas Morus veröffentlichte 1516 seinen zeitkritischen Roman „Utopia", in dem er die ideale Gesellschaftsordnung proklamierte. Der Aussteiger, ein Seemann, erfährt die humane Welt der Utopier, die ohne Krieg und ohne Besitz auskommen, die die erfüllende Arbeit und die Bildung als Kernziele ihrer Verfassung festgelegt haben. Henry David Thoreau verweigerte in der Mitte des 19. Jahrhunderts dem amerikanischen Staat Steuern, weil er sich für ein friedliches Leben in den Wäldern entschieden hatte.

Was würde es für dich heißen, ein Aussteiger/eine Aussteigerin zu sein?

Würdest du demonstrativ anders leben und die Normalität infrage stellen?

Wirst du die mentale Distanzierung suchen, deine eigenen Werte und Normen definieren? Vielleicht erlaubst du dir auch einfach nur die emotionale Aufrichtigkeit, zeigst deine spontane Wut oder Trauer, vielleicht auch den öffentlichen Ausdruck deiner Lebensfreude. Beginne mit kleinen Schritten, aus dem Alltag auszusteigen. Dein Verhalten wird auch ohne den Ankauf einer einsamen Insel und ohne den Bezug einer Eremitenklause in Gang zu setzen sein. Liste auf, was du problemlos in deinem Leben zurücklassen könntest.

Lektion 62: Lebe zufällig

Für unser Gemeinschaftsleben werden uns viele Regeln vorgegeben, die wir oft unhinterfragt und unwidersprochen hinnehmen. Dazu gehört z. B. die Forderung, nach einer nachvollziehbaren und rationalen Alltags- und Handlungsstruktur. Dementsprechende Hinweise oder Anweisungen sind bekannt: Dieser Mensch braucht Struktur! Wir müssen Strukturvorgaben für unsere Existenz finden und definieren!

Das ist doch strukturlos! Die Gegenwart ist zeitlich und räumlich verplant. Wir leben mit Terminkalendern und selbstverständlich eingehaltenen Tagesabläufen. Ein erwachsener Mensch, der an einem Wochentag lustvoll die Einkaufsstraße entlang bummelt, muss dies mit einem Urlaubs- oder Krankenschein begründen. Zwischen 8 Uhr und 16 Uhr wird gearbeitet, mit zeitlich limitierten, den Tagesablauf mit Zeitnischen vorgegebenen und gestatteten Pausen, versteht sich.

Lebenskünstler mögen keine verordneten Fremdstrukturen. Sie geben sich ihren eigenen Handlungsrahmen, der immer auch Gelegenheiten bietet für die Zufallserfahrungen und Zufallserlebnisse.

Stelle dir einige einfache Experimente des „Zufälligen" vor.

Steige in einen Zug, ohne dir ein festes Ziel vorzugeben. Genieße die vorbeiziehenden Landschaften, vielleicht auch den menschlichen Dialog mit dem dir gegenübersitzenden, noch bekannten Reisenden. Beschließe dann, nach deiner selbstgesetzten Vorgabe, aus dem Zug auszusteigen, vielleicht an der 7. oder 9. Station, oder vielleicht weil dich eine Landschaft besonders beeindruckt. Du wirst ohne die Strukturvorgaben eines Reiseführers den Raum erkunden, wirst immer, wann du willst, ohne Zeitdruck und Fahrplan weiterreisen. Du hast, wenn du das willst, nicht selten die Chance, den von dir gewählten individuellen Alltag zu leben. Erlaube dir häufiger, den Zufall entscheiden zu lassen, wie du deine freien Stunden oder Tage verbringst. Lebenskünstler lieben die reale Version des bekannten Wissensspiels „Stadt-Land-Fluss". Sie erlauben sich die Umsetzung des Spielerischen. Sie besuchen die spontan nach Buchstabenvorgabe gewählten Städte, bereisen Länder imaginär oder real, sitzen an den Ufern der Flüsse und genießen die natürlich demonstrierte Gelassenheit.

„Nenne den größten aller Erfinder: Es ist der Zufall" (Marc Twain).

Lektion 63: Lobe die Torheit

„Die Torheit tritt auf und spricht: Mögen die Menschen in aller Welt von mir sagen, was sie wollen ... es bleibt dabei: Mir, ja mir ganz allein und meiner Kraft haben es Götter und Menschen zu danken, wenn sie heiter und frohgemut sind." (Erasmus von Rotterdam, 1509).

Das als ironische Lehrrede geschriebene Buch „Lob der Torheit" wurde ein Bestseller. Stultitia (die Torheit) kritisiert die Lebensweisen der Aristokraten, der tatfrommen Christen, der Gelehrten und Händler. „Ich liebe alles das zu sagen, was mir Dummen auf die Zunge kommt". Nur die Torheit verschaffe letztendlich den Menschen Freiheit.

.Der Narr darf sich Kritik, Widerspruch und Tollheiten erlauben. Ihm werden Ironie und Zynismus nicht zum Verhängnis, auch wenn die Adressaten seiner Torheit die Herrschenden und Mächtigen seiner Zeit sind. Der Hofnarr trug -im Gegenteil- zur Belustigung des eher eintönigen Alltags bei. Man durfte über seine derben Scherze lachen und auf diese Weise auf Distanz zum Geregelten gehen.

Der Bauernsohn Till Eulenspiegel nahm alle Befehle und Wünsche seiner Dienstherren wörtlich. Er sorgte auf diese Weise für Spott, stellte Ungerechtigkeit kühn zur Diskussion und hielt seinen Zeitgenossen den „Eulen-Spiegel" der Selbsterkenntnis vor.

Der „konstitutionelle Narr" präsentiert das Glück der

geistigen Beschränktheit.

Kognitiv behinderte Menschen, aber auch Kinder, dürfen unerwartete oder entlarvende Fragen stellen (Hans Christian Andersen: Des Kaisers neue Kleider).

Auch die Toren unserer Zeit, die Satiriker und Kabarettisten übernehmen wichtige und nützliche Aufgaben. Ihnen ist es erlaubt, wie früher den Hofnarren, Zustände und deren maßgebliche Verursacher lächerlich zu machen. Das Gelächter stellt den ersten Schritt der reflektierten, notwendigen Befreiung dar. Der Tor darf auch unsinnige und folgenschwere Fehlentscheidungen der sogenannten politischen Führer angehen.

Die Historikerin Barbara Tuchman veröffentlichte 1984 ein Sachbuch mit dem Titel: „Die Torheit der Regierenden - Von Troja bis Vietnam" (Originaltitel: „The march of the folly"). Torheit, gepaart mit politischem Starrsinn und Narzissmus hat nichts mit dem gemein, was Erasmus beabsichtigte. Die Maximen der in seinem Sinne Törichten bedeuten kein Versagen. Sie sind als Kritik der Versagenden zu verstehen.

Lebenskünstler erlauben sich die Torheit, die Einfalt und die scheinbare, aber tiefsinnige Albernheit.

Auch Parzival oder Faust durften sich als Toren erfahren. Vielleicht möchtest du die Einstellung des Erasmus einmal selbst umsetzen: „Es tut halt so sauwohl, keinen Verstand zu haben."

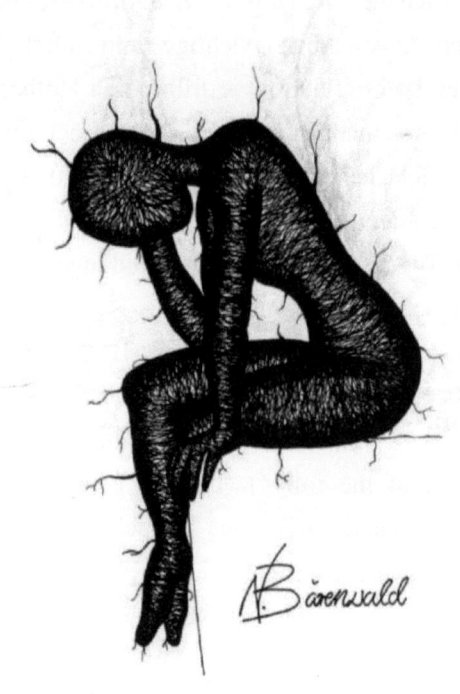

Lektion 64: Gehe aufs Ganze

Stelle dir die folgende Szene vor: Du bist Zuschauer bei einem Boxkampf. Die Kräfte der Kämpfer sind ungleich verteilt. Der wahrscheinliche Verlierer hockt sichtlich angeschlagen in seiner Ring-Ecke. Du nimmst die Forderung und den Ruf des Trainers wahr: „Geh aufs Ganze!" Was ist gemeint? Soll der so Getriebene sich unter Einsatz seiner Gesundheit den möglicherweise vernichtenden Schlägen des Gegners aussetzen? Wird ihm noch eine Gewinnchance eingeräumt? Sind Männlichkeit und Heroismus gefragt?

Was heißt es für dich, in deinem Leben aufs Ganze zu gehen? Willst und wirst du alle verfügbaren Energien und Ressourcen mobilisieren? Was hast du einzusetzen? Wofür lohnt es sich für dich zu kämpfen? Welche Gewinne locken? Welche Niederlagen drohen?

Lebenskünstler gehen auf andere Weise aufs Ganze. Sie mögen den alltäglichen Boxkampf nicht. Sie bevorzugen andere Wege der Begegnung und der Kommunikation, auf denen der Wettstreit und der Sieg nur als Randgewächse existieren. Es geht ums Ganze, könnte dann heißen, alles zu wagen, um die eigenen Lebensmöglichkeiten in ihrer ganzen Fülle zuzulassen.

Die tiefsinnigere Bedeutung dieser Lebenslektion weist auf das ganzheitliche Erleben bzw. Leben hin. Schon

Aristoteles stellte fest, dass die Existenz nicht rein analytisch erfahrbar und umsetzbar ist. „Das Ganze ist mehr als die Summe seiner Teile."

Die Gestaltpsychologen verstehen die Gesamtheit der Wahrnehmung, des Fühlens, Denkens und Verhaltens als ganzheitlichen Prozess. Wenige Symbole oder Striche nehmen in uns im umfassenden Wortsinn Gestalt an. Das einhellige Primat gilt den Phänomenen der vielfältigen und je persönlichen Erlebniswelten.

„Denken wir uns alle durch den Gesichtssinn vermittelten Raum-Farb-Gestalten aller Art nun noch sich verändernd, so erhalten wir eine unermessliche Reihe von zeitlichen Gestaltqualitäten". (Christian von Ehrenfeld, österreichischer Gestaltpsychologe, 1890).

Lebenskünstler komponieren ihr Leben. Sie kreieren eigene Wahrnehmungs-, Deutungs- und Handlungsbilder sowie dementsprechende Melodien. Sie erlauben es sich, die Gesamtheit des zur Verfügung stehenden Sinnlichen zu nutzen. Sie verfolgen das Ziel, sich und die erfahrene Lebenswelt jederzeit selbst neu zu konstruieren.

Fordere dich daher häufiger einmal auf, ganzheitlich zu denken, zu erleben und zu handeln.

Lektion 65: Sieben Stufen zur Glückseligkeit

Die Lebensregeln des römischen Philosophen Seneca (1-65 nach Christus) vermitteln zunächst nicht den Eindruck, dass sie mit der Zielsetzung entworfen wurden, Menschen zur Glückseligkeit zu führen. Seneca bevorzugte die fleischfreie Ernährung, schlief bis ins hohe Alter auf einer harten Matratze und unterzog sich allabendlich einer kritischen Rekapitulation seiner täglichen Taten sowie einer entsprechenden Selbstprüfung. Er mied die Leidenschaft. „Denn alle anderen verbinden sich noch mit einem gewissen Maß an Ruhe und Gelassenheit; diese hingegen geht ganz und gar auf in Aufregung und heftigem Verlangen, sie rast und sehnt sich ganz unmenschlich nach Verwundungen durch Waffen und dem Blutbad der Hinrichtungen ..."

Der Ausgangspunkt für ein glückseliges Leben sei zunächst die Erkenntnis der Unvollkommenheit des Menschen. Nur diejenigen, die das Unvollkommene zulassen, sind bereit, an sich zu arbeiten und sich der Selbstgestaltung zu widmen. Wer sich in selbstgefälliger Eitelkeit vollkommen fühlt, der verliert seine Zielorientierung und lebt lediglich dahin. Ein unermessliches Geschenk des menschlichen Lebens ist die geistige Befähigung. Kognitiv gewinnen Menschen Zugang zu verborgenen Ordnungen und vorgegebenen Sinnsetzungen. Wer die Einsicht besitzt, vermag sich zuzuordnen und sein zu lassen.

Mit der Einsicht unmittelbar verbunden ist das Maßvolle. Der Zufriedene braucht den Überfluss ebenso wenig wie die trunkene Zügellosigkeit. Der maßvolle Mensch kann sich anderen, als den konsumorientierten Bedürfnissen öffnen. Er kann auf diese Weise gleichmütig leben, ohne auffallende Emotionen sowie im Einklang mit sich selbst und der Welt. Er genießt die Beruhigung des Gemüts, der Gedanken und Handlungsimpulse.

In dieser Grundverfassung der existenziellen Ruhe werden die Ereignisse gleichwertig anregend erfahren. Negative Gedanken und Gefühle besetzen keine Entfaltungsräume mehr. Der sich auf diese Weise erfahrene Mensch kommt an in der Glückseligkeit.

„Wer die Einsicht besitzt, ist auch maßvoll; wer maßvoll ist, auch gleichmütig; wer gleichmütig ist, lässt sich nicht aus der Ruhe bringen; wer sich nicht aus der Ruhe bringen lässt, ist ohne Kummer; wer ohne Kummer ist, ist glücklich: also ist der

Einsichtige glücklich, und die Einsicht reicht aus für ein glückliches Leben!" (Seneca)

Über die sieben Stufen dieses Weges wirst du wie die Lebenskünstler stoischer Prägung die vernunftbedingte Gelassenheit und die Seelenruhe des im Innersten glücklichen Menschen erreichen können.

Lektion 66: Es setzt sich

Das Sitzen gehört zu den Grundhaltungen der körperlichen Positionierungen des Menschen. Historisch und kulturell erkennen wir deutliche Unterschiede. Die Jäger und Sammler saßen selten, waren viel häufiger in Bewegung. Der „Büro-Mensch" der aktuellen westlichen Kulturräume sitzt die überwiegende Zeit seiner Alltage bzw. Werktage.

Setze dich zunächst einmal, war die bekannte Aufforderung des Weisen an seinen Kaiser als Handlungsantwort auf dessen Frage, ob er einen Feldzug gegen einen Feind gewinnen könne. Hier wird das Paradoxon deutlich, dass wir geistig immer eher schon in Bewegung sind, wenn wir das Außenbild vermitteln, ruhig zu sitzen. Wenn unsere Vorfahren tatsächlich körperlich „unterwegs" waren, haben wir dies gegenwärtig in eine imaginierte, phantasierte, aktionsfordernde Scheinmobilität umgesetzt. Wenn du sitzen willst, dann setze dich, möchte der Weise seinen Kaiser auffordern. In diesem Sinne sitzen wir häufig, setzen uns aber selten. Was heißt das?

In der Zen-Meditation wird das Zazen praktiziert, das absichtslose, alleinige Sitzen.

Lebenskünstler widmen immer wieder Zeitnischen in ihren Tagesabläufen dem meditativen Rückzug. Man könnte sie versunken, besonnen, kontemplativ „sitzend" beobachten. Sie sind dann bei sich und in sich. Sie absentieren sich für Minuten, vermitteln dann vielleicht den Eindruck, nicht aufmerksam oder nicht da zu sein. In Wirklichkeit sind sie sich selbst nahe und im wahrsten Sinne des Wortes selbst anwesend.

Lebenskünstler halten sich so häufig wie möglich auf der Es-Ebene auf. Das „Ich" verlangt aufmerksame Präsenz und Teilhabe. Das „Es" erlaubt das Verweilen und die Besinnung. „Es" gibt im wahrsten Wortsinn Zeit. Wenn „Es" sich setzt, kommen Lebenskünstler zur Ruhe und zentrieren sich. „Es" stellt die Verbindung zum Emotionalen und zur Instinktsteuerung her. Demnach geht „Es" selten falsche Wege. „Es"-Anregungen sind Bauch-Entscheidungen.

Daher lasse „Es" sich häufiger setzten und den inneren Rückzug finden.

Lektion 67: Plane den Rückzug

„Rückzüge suchen sie (die Menschen) sich auf dem Lande, an der See und auf den Bergen. Auch du hast es dir zur Gewohnheit gemacht, dich nach solchen Dingen zu sehnen. Das ist aber ganz und gar albern, da es dir doch möglich ist, dich in dich selbst zurückzuziehen, wann immer du es willst. Denn es gibt keinen ruhigeren und sorgenfreieren Ort, an den sich ein Mensch zurückziehen kann als die eigene Seele ..." (Marc Aurel). Der weise Stoiker empfiehlt, den Rückzugsort in sich selbst zu suchen, um sich auf diese Weise in vollkommener Ausgeglichenheit wiederfinden zu können. Der außenorientierte Mensch verliert sich in der allgegenwärtigen Selbstpräsentation und erwartet die Widerspiegelungen durch die anderen. Introvertierte erfahren ihre inneren Ordnungen. Sie spüren die Einklänge des Gegensätzlichen, die inneren Harmonien und die absichtslose Ruhe.

Lebenskünstler verstehen den Rückzug nicht als Flucht oder als Niederlage. Mit dem bewussten Start ins eigene Leben lösen sie eine „Rückfahrkarte". Sie können, immer wenn sie dies möchten, auf den persönlichen Ausgangspunkt ihrer existenziellen Reise zurückkehren. Die inneren Ruheräume bieten ihnen unvergleichbare Orte des Rückzugs und der Selbstfindung. Sie kommen bei sich selbst an und signalisieren dies mit sichtbaren Entspannungszeichen. Sie können zuhören und schweigen, scheinbar unmotiviert lächeln und ihre Gelassenheit über Mimik und

Gestik mitteilen. Sie brauchen keinen Wettstreit um Rangordnungen der Wichtigkeit. Sie genügen sich selbst.

Das geschäftige Treiben um sie herum können und wollen sie meiden. Von ihren Rückzugsorten aus schauen sie von innen nach außen.

Die Haltung der Lebenskünstler ist als zweckloses Betrachten zu verstehen.

Darum übe für dich ein, dir dich selbst, die anderen und die Welt nicht lediglich zunutze zu machen. Lasse sie und dich zu! Wähle deinen Ort der inneren Ruhe als sicheren Ausgangspunkt.

Lektion 68: Kongress der Gefühle

Du bist eingeladen zu einem Imaginationsspiel. Du möchtest wissen, welche deiner Gefühle dich aktuell steuern. Du willst dir deiner, dich manchmal verwirrenden Emotionalität bewusster werden.

Stelle dir dein Bewusstsein vor als Konferenztisch, an dem deine Freuden, deine Ängste, deine Sorgen, deine Wut und deine Trauer zusammensitzen. Lasse zunächst jeden „Kongressteilnehmer" deinen Phantasieraum betreten und sich den anderen vorstellen.

Die Konferenz könnte folgendermaßen eröffnet werden:

„Hallo, ich bin deine Angst; meine Grundstimmung ist die Ungewissheit, meine Perspektive ist die

Orientierungslosigkeit. Ich kann dir kein „Warum" meiner Selbst beschreiben. Ich bin einfach da und nehme wie selbstverständlich am Konferenztisch Platz."

„Wenn wir uns mit allem ungebührlichem Überschwang vorstellen dürfen, wir sind deine Freuden. Wir besetzen eine große Gruppe und beanspruchen viel Platz für Groß und Klein, Unscheinbares und für unseren Leiter, den Enthusiasmus. Dir wird es kaum gelingen, uns zu vertreiben. Aber allzu oft beachtest du uns zu wenig."

„Im Gegensatz zu den Freuden können wir uns viel besser in den Vordergrund drängen. Wir Sorgen bescheren dir Unruhe und Schlaflosigkeit. Du kannst aus uns Gebäude des Unglücks errichten, die dich umstürzend unter uns begraben. Wir werden uns darum kümmern, dass du weder dem Leichtsinn noch der Sorglosigkeit verfallen wirst. Wir werden dich stets daran erinnern, dass dein Leben und deine Alltage von Mühsam und Leid geprägt sind."

„Jetzt reicht es mir aber mit dem Pessimismus und der Erduldungsideologie.

Ich, die Wut, fordere dich zum Protest auf. Ich verlange die lautstarke bzw. die gefühlsstarke Veränderung der Verhältnisse und deines Verhaltens. Mit meiner Unterstützung wirst du dich auflehnen, statt dich zu unterwerfen. Du wirst anklagen, statt zu resignieren.

Du wirst den Mut zur Lautstärke besitzen und dich gegen Unrecht und Unterdrückung stellen."

„Als vorerst Letzte in dieser Runde möchte ich mich mit aller Traurigkeit äußern. Ich erlebe mich eingesperrt und reduziert. Ich darf mich als erlaubte Trauer auf Friedhöfen, in Kliniken oder auf den Plätzen der Verlierer aufhalten. Dabei kann ich dir viel mehr bieten in Begleitung meiner Geschwister der Melancholie und der Nostalgie. Ich möchte dir auf diese Weise mit aller Ernsthaftigkeit Entwicklungsräume öffnen, die dir andere in dieser emotionalen Runde eher verschließen."

Du darfst beliebig andere Gefühle in dir entdecken und sie im wahrsten Sinne zu Wort kommen lassen. Du darfst reden, widerreden und Diskussionen zulassen, den Widerstreit deiner Gefühle beobachten.

Lebenskünstler achten auf alle ihre Emotionen. Sie erfahren sie als jeweils aktuelle Gestimmtheit und hinterfragen oder bekämpfen sie nicht.

Deshalb erlaube dir häufiger, deinen Kongressteilnehmern zu begegnen, deinen Ängsten und Freuden, deinen Sorgen, deiner Wut und deiner Trauer. Halte die „Highlights" und die Ergebnisse der Dialoge und Dispute fest. Beachte die immer wieder unterschiedliche Selbstdarstellung deiner Emotionen. Übe und praktiziere deine Fühlfähigkeit.

Lektion 69: Was bleibt, das bleibt

Verstehst du diesen Satz? Du hältst diese Aussage für tautologisch? Und doch könntest du feststellen, dass es einen entscheidenden Unterschied gibt im Vergleich z. B. zu der Feststellung „weiß bleibt weiß". Das Bleibende besitzt eine grundlegende subjektive Struktur und Bedeutung. Du selbst entscheidest darüber, was du für wertvoll erachtest und was du behalten wirst. Das Bleibende wird auf mehreren Ebenen deiner Beziehung zur Wirklichkeit und zu deiner Erkenntnis aufgebaut.

Deine Sinnesorgane wählen zunächst die Eindrücke aus, die dir optisch, akustisch, olfaktorisch oder taktil interessant erscheinen. In jedem wachen Moment erlebst du dich Tausenden von sensorischen Reizen ausgesetzt. Du wirst immer, in der Regel unbewusst, nur einen Bruchteil dessen aufnehmen, was deine Sinne erreicht. Du wählst deinen spezifischen Ausschnitt der Realität aus, jeder andere Mensch den Seinigen. Das Bleibende hat seine Wurzeln in der individuellen Achtsamkeit. Den ersten Versuch einer Generalisierung des Wahrgenommenen unternimmst du mit der Zuordnung von Kategorien. Du erkennst Größe und Form, Farbe und Bewegung. Auch auf der Ebene des Verstandes arbeitest du subjektiv. Du bestimmst, ob die Ästhetik, der Duft oder die Zweckmäßigkeit der Rose als Geschenk wichtig ist.

Eine Bedeutung „an sich" existiert nicht. Schließlich ordnest du dich selbst und deine Weltdeutung deinen persönlichen Erkenntnissen zu. Willst du hinter dem von dir Wahrgenommenen einen Zweck, einen Sinn oder eine Idee annehmen? Auf dieser Ebene bist du der Baumeister deines Beziehungskonstrukts. Du entwirfst und planst, gestaltest und führst aus. Auch hier gelten zunächst keine objektiven Maßstäbe, sofern du dich nicht politischen oder religiösen Ideologien unterwerfen willst.

In diesem Fall wirst du dich selbst nicht finden und deinen Gestaltungsauftrag deines Lebens verpassen.

Lebenskünstler spüren ihre tiefe Sehnsucht nach dem Bleibenden. Sie bedienen sich im reichhaltigen Wahrnehmungsangebot der Welt je nach ihren Vorstellungen und Wünschen. Sie kreieren wie Maler ihre eigenen Bilder. Das „Ich" der Lebenskünstler zeigt einzigartige Strukturen, Konturen und Kolorierungen.

Du kannst dies nachvollziehen, wenn du den alltäglichen Selbst- und Weltfindungsauftrag annimmst.

Du wirst dann zu der Schlussfolgerung kommen, dass das Vergängliche vergeht.

Du magst dann, wie einst Johann Gottlieb Fichte behauptete, auch für dich feststellen: „Nichts bleibt von mir, aber Ich bleibe."

Lektion 70: Wage den Irrtum

„Unsere Irrtümer sind am Ende nicht so furchtbar wichtige Dinge. In einer Welt, wo wir ihnen trotz aller Vorsicht nicht völlig aus dem Weg gehen können, erscheint ein gewisses Maß sorglosen Leichtsinns gesünder als übertriebene Angst."

Diesen Satz formulierte John Dewey, einer der Leitfiguren des Pragmatismus im ausgehenden 19. und beginnenden 20. Jahrhundert. Die Pragmatiker hatten sich zum Ziel gesetzt, statt die Welt lediglich zu erklären, sie zu begreifen und sie zu ergreifen. Sie wollten sie für die Menschen benutzbar und „handlich" präsentieren. Dem praktischen Vollzug wird der Vorzug eingeräumt gegenüber der theoretischen Erkenntnis. Theorie strebt Wahrheit an, Praxis darf irren, vorausgesetzt sie implementiert und verteidigt keine Irrtümer. Wer sich in der Welt wohlfühlen möchte, der darf sie verändern. Der praktische Nutzen bzw. Gewinn lässt sich nicht überhistorisch festschreiben. Es geht nicht um die Unterscheidung von Wahrem und Unwahrem, sondern um das, was Menschen benötigen, um sich zweckvoll im Leben einzurichten.

Lebenskünstler lieben den praktischen Entwurf und das Wagnis des zunächst unhinterfragten Lebensentwurfs. Sie „begehren" zu leben und sind selten bereit, Belehrungen hinsichtlich überdauernder Wahrheiten an- und hinzunehmen.

Sie können lächelnd Fehlschlüsse und Verwirrungen eingestehen. Sie folgen der Devise „irren ist menschlich" und beurteilen dies als Herausforderung für das Lebenswagnis. Nur wer das Risiko des Falschen akzeptiert, wird letztlich seinen Weg finden, grundlegend ausgehend von den eigenen Bedürfnissen.

Lebenskünstler brauchen keine öffentlichen Belobigungen oder die durchgehende Anerkennung der anderen. Sie erkennen in ihrem eigenen Wohlbefinden die Hinweise für pragmatische Entscheidungen. Freilich haben sie dabei die „goldene Regel" zu beachten und auch allen Mitmenschen ihr Glück zuzugestehen.

Erstelle deinen pragmatischen „Fahrplan". Entwirf Handlungsstrategien und setze sie beharrlich um. Lasse dich durch Irrungen nicht verwirren oder aufhalten.

Spiele dein praktisches Lebensspiel.

Lektion 71: Finden und lassen

Eine bekannte Aufforderung des Mystikers Meister Eckhart lautet: „Überall wo du dich findest, lasse dich!"

Die Sinnsuchenden sollen sich nicht nur auf die Logik des Verstandes berufen, sie sollen immer auch die Innigkeit der Herzensweisheit beachten. Hinter dem bloßen Schein der Alltagszielsetzungen liegt das Wesentliche verborgen, das in jedem Menschen als sogenanntes „Seelenfünklein" vorhanden ist. Jeder Mensch besitzt demnach seinen eigenen Zugang zum universellen, in sich waltenden Plan und Willen. Der Zugang eröffnet sich über viele Wege und lässt sich niemals gänzlich verschütten. Das in allem ruhende immanente Wesen des Seins fördert die Begegnung und die Ehrfurcht.

Deshalb ist Eckharts Auftrag doppelt zu verstehen: Erfreue dich an den Aufgaben des Findens. Schaue und erfasse das Ewige und Wesentliche nicht nur mit den Augen, sondern mit der gesamten körperlichen Selbstwahrnehmung. Erfahre dich als Teil des Nichtendlichen.

Diejenigen, die dem Sein in seiner Eigentlichkeit begegnen wollen, suchen nicht in der Zeit, sondern im Ewigen. Dies aber wird von Generation zu Generation, schließlich von allem Lebenden und Materiellem, weitergegeben als unzerstörbare Energie, die das Licht der Vernunft ebenso speist wie sie das Funktionieren jeder einzelnen Zelle ermöglicht.

Lebenskünstler genießen die vielfältigen Glückserfahrungen der Finder. Sie brauchen nur selten die aufwendige Selbstexploration. Denn sie wissen, wo sie das Sein in sich und außerhalb ihrer Selbst antreffen. Sie lassen sich im wahrsten Sinne des Wortes „sein". Sie überfrachten sich nicht mit Lebenszielen und Lebens-zwecken. Sie überlassen sich dem immanent Sinnfälligen. Die Aufforderung „lasse dich" wird dann letztendlich als Befreiung erlebt. Es gibt andere als die äußeren Taktgeber in uns, die uns verbinden mit dem Universellen, mit dem in jedem Menschen vorhandenen Urgrund.

Daher, nimm die Worte Meister Eckharts ernst: Finde und lasse dich in deiner Wesenheit zu.

Lektion 72: Lebe gemäß der Ideen

Verwirrt dich diese Aufforderung? Welchen und wessen Ideen sollst du folgen?

Wo wirst du deine eigenen Ideen für dich und deine Lebensentwürfe finden?

Die Ideenlehre gehört zu den ältesten Zeugnissen der europäischen Geistesgeschichte. Sie weist auf Platon, einen der drei „Klassiker" der griechischen Philosophie zurück. Platon ging von vier sogenannten Kardinaltugenden der Menschen aus: Weisheit, Gerechtigkeit, Tapferkeit und Maß, an anderer Stelle erweitert um die Prinzipien der Wahrhaftigkeit und der Treue. Platon verstand diese Werte als absolut vorgegeben, evident und letztlich unantastbar. Sie gehören zu einem Kosmos idealer Wesenheiten, zu einem Reich der Werte an sich. Der „Kosmos Noetos", die Ideenwelt, besteht nach Platon aus den ewigen Urbildern der erfahrbaren Dinge. Wenn die Menschen sich gemäß dieser Vorgaben im Leben einrichteten, würden sie ihren wahren Seinsgrund und ihr ideales Ich erreichen können. Sie würden nach den wichtigsten Ideen ihren Alltag ausrichten, nach den Ideen des Wahren, des Guten und des Schönen. Man könne auf diese Weise sicher sein, „das Seinige zu tun".

Die platonische Ideenlehre prägt bis in die Gegenwart die ethischen Prinzipien der abendländischen Gemeinschaften. Sie wurden vielfach als universelle Vorgaben für politische Verfassungen und juristische Regelwerke genutzt.

Lebenskünstler sollten es nicht schwerhaben, sich auf ähnliche Weise mit sittlichen Vorgaben im Leben einzurichten. Sie sehen sich herausgefordert, die noch abstrakten Ideen persönlich aufzufüllen.

Wie und wann prüfst du deine Wahrhaftigkeit? Was bezeichnest du als „gut", oder was macht eine gute Tat oder einen guten Menschen deiner Ansicht nach aus? Kannst du dich ästhetisch öffnen und die vielfältigen Phänomene des Schönen wahrnehmen? Wer definiert gerechtes und ungerechtes Handeln? Willst du Recht mit Gerechtigkeit gleichsetzen?

Übernimm die schwierige Aufgabe, ein weiser und gerechter Mensch zu sein.

Zügle jegliche Maßlosigkeit, werde und bleibe dir selbst treu.

Zu viel verlangt? Dann beginne mit der Umsetzung einer Idee.

Lektion 73: Öffne dich dem Dialog

Was glaubst du, könntest du als Eremit leben? Wäre die Einsamkeit mit dir selbst für längere Zeit ertragbar? Menschen sind als logische Wesen angelegt. Sie brauchen den Austausch und die Gemeinsamkeit. Das jeweils andere soll geschaut, gefühlt und angesprochen werden.

Der jüdische Religionsphilosoph Martin Buber behauptete, dass das „Ich" allein im Umgang mit dem „Du" wachsen und sich entfalten könne. Das dialogische Prinzip mache den Kern der menschlichen Selbst- und Sinnerfahrung aus. Dabei gibt es unterschiedliche Dialogpartner: Die Mitmenschen, Gott, die Vielfalt des uns natürlich Begegnenden, aber auch das Ich im prüfenden, bekennenden oder sich entwerfenden Selbstgespräch. Franziskus unterhielt sich mit den Gestirnen, mit den Naturelementen oder mit den Tieren. Er sprach sie jeweils mit Bruder oder Schwester vertrauensvoll und nahe an. Auch Sokrates suchte, so oft wie es ihm möglich war, den Dialog mit Freunden und Gelehrten. Sein rhetorisches Instrument war die „Maieutik", die Hebammenkunst. Die Dialoge des Sokrates hatten einen therapeutischen Charakter. Sie halfen den Gesprächspartnern, Wissende zu werden. Überdies liebte er die Ironie und das Understatement. Er gab an, nichts zu wissen und fordere zur gemeinsamen Betrachtung und Besinnung heraus. Die Ironie des Sokrates sollte anregen und herausfordern, die Dialogpartner zum Überdenken des Alltäglichen und des Besonderen auffordern.

„Hallo du", dir werden verschiedenste Wege aufgezeigt, den Dialog zu suchen.

Du entscheidest, wen du als Partner wählen möchtest, Menschen oder Tiere, Gott oder die kleinen und großen Wunder der Natur. Du darfst den tatsächlichen oder den phantasierten Kontakt suchen.

Lebenskünstler halten täglich und häufig inne.

Sie zeigen sich neugierig und offen für Begegnungen.

Sie kommen auf diese Weise aus sich heraus.

Sie müssen weder Einsamkeit noch Verlassenheit hinnehmen.

Sie halten sich die Welt offen.

Lektion 74: Rege dich auf

Du stellst dir einer der typischen aufregenden Szenen deines Alltags vor. Ein eiliger PKW-Fahrer zeigt dir den Mittelfinger, du wirst beim Einkauf in der Warteschlange überholt, oder du bist morgens einfach wieder einmal mit dem falschen Fuß aus dem Bett gestiegen. Du erlebst dich schlichtweg übel gelaunt, vielleicht nur für wenige Minuten, vielleicht verdirbst du dir aber auch grundlegend deinen Tagesablauf.

„Es regt mich auf!" Beobachte, was du wahrnimmst und wie du dich verhältst. Personalisiere deine Affekte. Wer oder was ist dieses „Es", das dich aufregt und dir die Stimmung verdirbt? Warum hat es die Potenz und die Durchdringlichkeit, dich zu erreichen? Du wirst relativ schnell feststellen, dass es um deine Reaktion auf eher banale Alltagsereignisse geht. „Du regst dich auf". Willst du dich auch bewusst möglicherweise schädigenden Emotionen aussetzen? Der Stoiker Epiktet postuliert die Unempfindlichkeit (Apathie) gegenüber den inneren und äußeren Erregern.

Die Affekte müssten so weit wie möglich ausgeschaltet werden. Ein Zustand des Gleichmuts müsse erreicht werden. Die Vernunft solle die Herrschaft übernehmen. Wenn du das Leben in seiner gesamten Vielfalt auch in dir zulassen und sich entäußern lassen willst, wird es dir schwerfallen, nur weise und umsichtig zu handeln. Deine Gefühle gehören in jedem Moment der Erregung zu dir. Sie stellen sich als energetische Ladungen dar, die lediglich in ihrer Unbändigkeit gesteuert bzw. begrenzt werden sollten.

Darum erkunden Lebenskünstler zunächst das Aufregende. Sie stellen Bezüge her zwischen Reizen und Reaktionen. Das Ich darf sich Affekte und leidenschaftliche Äußerungen erlauben. Im Falle des Verbotes programmiert es sich und dich zum seelenlosen, zweck- und pflichterfüllenden Maschinenmenschen.

Vielleicht gelingt es dir, durch eine kleine sprachliche Veränderung die aufregenden Geschehnisse zu nutzen. Ersetze das „Auf" durch ein „An". Du wirst bemerken wie wichtig emotionale An-Regungen für uns sind.

Lektion 75: Wisse um dein Wissen

Eine der häufigsten Redewendungen in unseren Gesprächen lautet: „Ich weiß ..." Das Wissen gehört zu den drei Grundkategorien der menschlichen Selbstsetzung und Selbstäußerung. Immanuel Kant stellte die bekannten drei existenziellen Grundfragen des Menschen: Was kann ich wissen? Was darf ich hoffen? Was soll ich tun?

Heißt wissen zu wollen in erster Linie, ein System zu schaffen, um die Komplexität der Realität zu erfassen und für die menschliche Logik begreifbar werden zu lassen? Die Bemerkung „ich weiß" weist auf einen Grundvorrat hin von vorhandenen Vorstellungen von den Dingen, Menschen und Zuständen. Wir sprechen dann von gespeichertem oder auch von kristallinem Wissen, wie es z. B. in Intelligenztests überprüft und gewertet wird. Wer sich zu den Wissenden dieser Welt zählen möchte, der muss ein den zeitlichen und örtlichen intellektuellen Vorgaben entsprechendes Allgemeinwissen nachweisen. Dieser Grundforderungen dienen die Erziehungsprozesse in den Lebensgemeinschaften und in deren Bildungsinstitutionen.

Lebenskünstler behaupten, dass sie mehr repräsentieren als einen wohl gesättigten Speicher rationalen Wissens. Sie greifen, wann immer es notwendig erscheint, zurück auf einen unermesslichen Vorrat an innerer Weisheit. Jeder Mensch besitzt ein mit seiner intellektuellen

Ausstattung und seiner Einsichtsfähigkeit ergebenes Apriori-Wissen und einen eigenen intelligenten Zugang zur Wirklichkeit. Es gibt den „von Natur aus dummen Menschen" nicht. Nicht allein die Wissenschaft weist die Wege, nach dem Motto: „Es ist Wissenschaft, die Wissen schafft." Jeder Mensch erwirbt auf seine eigene Gestaltungsweise ein persönliches Wissen.

Daher warnen die Lebenskünstler vor einer Überbetonung des logischen und depersonalisierten Wissens. Sie können und dürfen auch ohne Rückgriff auf Lehrbücher und Lehrmeinungen die Behauptung „Ich weiß" aufstellen. Dabei liegt die Ausdruckskraft dieser Feststellung im „Ich" begründet.

Daher: Wisse um „dein" Wissen.

Lektion 76: Vermeide Spaltungsprozesse

Beginne mit einer scheinbar einfachen Denkaufgabe: Vermagst du als Voraussetzung und Bedingung deiner Selbst, dein Ich objektiv zu erkennen?

Sind deine Selbstwahrnehmung, deine Selbstbewertung sowie deine Selbstdarstellung abhängig von deinem jeweiligen Gemütszustand, von deiner Lust oder Unlust, von deinem Selbsterforschungswillen oder von deiner Selbstvernachlässigung? Du wirst relativ schnell zu der Einsicht gelangen, dass dein Ich sich nicht spalten lässt. Du wirst immer Objekt wie Subjekt deiner Selbstbetrachtung bleiben. Du wirst nicht aus dir heraustreten können und dich nicht selbst losgelöst von dir beurteilen können. Was darfst du dann unter deine Absicht verstehen, über dich selbst nachzudenken?

Augustinus billigte unserem Ich-Bewusstsein drei grundlegende Fähigkeiten und Aufgaben zu: Es solle und könne die Realität erfassen und in Ordnungen unterbringen. Es besitze die grundlegende Freiheit des selbständigen Denkens und Handlungsentwurfs. Es entwickle über die Selbstwahrnehmung und die Selbstkonstituierung eine zunächst nicht begrenzte Dauer.

Lebenskünstler geben sich selbst und ihrem Ich eine Gestalt, eine Konstanz bei gleichzeitig bewahrter Offenheit. Sie setzen auf die Subjekt-Objekt-Einheit.

Das heißt, sie suchen die Rückkopplung und die Verknüpfung ihrer Selbstreflexion mit ihrem Handeln. Sie konstruieren im Selbstentwurf den sich selbst kritisch überprüfenden Geist. Sie stellen das Primat des denkenden Menschen infrage.

Den bekannten ersten Lehrsatz des René Descartes, „Ich denke, also bin ich", können sie mit Überzeugung umkehren und behaupten: „Ich bin, also denke ich".

Die Objektivität, „da" zu sein, bildet den unabdingbaren Rahmen für die kognitiven und individuellen Möglichkeiten, subjektiv selbst zu sein.

Du magst jetzt zunehmend befremdet und wenig verständnisvoll den philosophischen Argumenten gefolgt sein. Du konntest zu Recht feststellen, dass der reflektorische Geist sich selbst infrage stellt. Damit wirst du aber den Ausgangspunkt unseres Diskurses wieder erreichen. Die Subjekt-Objekt-Spaltung treibt die Menschen in ein existenzielles Dilemma.

Lektion 77: Übe das Nicht-Tun

Kannst du den Unterschied beschreiben zwischen den Absichten, nichts zu tun oder nicht zu tun? Im ersteren Fall verbietest du dir jegliche Aktivität. Du verharrst in einer Verweigerungshaltung den Anforderungen des Alltags gegenüber. Nein, du bist nicht bereit, irgendetwas zu tun. Abgesehen davon, dass es faktisch unmöglich ist, nichts zu tun, wirst du als lebendiger Mensch verarmen und dich aufgeben.

Der Begriff des Nicht-Tuns betont den zweiten Wortbestandteil, das Tun. Die ständige Produktivität und die Nützlichkeit des menschlichen Lebens werden hinterfragt. Der Nicht-Tuende Mensch fühlt, spürt und lebt seine Achtsamkeit. Er verhält sich in keiner Weise passiv oder nur rezeptiv. Nicht-Tun ist so paradox dies erscheinen mag, jederzeit als Handlungsalternative zugelassen. Selbst im restriktiven deutschen Arbeitsrecht werden Rekreationszeiten gefordert, die Arbeitgeber und Arbeitnehmer einzuhalten haben.

Lebenskünstler lieben das Nicht-Tun. Sie üben das Lassen und das Dulden als gesunde Grundhaltungen ein. Sie suchen auf diese Weise die Distanz zu den Turbulenzen des Alltags.

Lebenskünstler finden ihren Platz im Auge des Wirbelsturms und bleiben von seiner zerstörerischen Wildheit unbehelligt. Völlig gelassen können sie den Sturm auffordern, sich auszutoben, denn er wird ihnen nichts anhaben können.

Das Nicht-Tun stellt eine Kernkompetenz des sich überlassenden Menschen dar. Der Nicht-Tuende geht aus von einer auch ohne seine Taten aus sich heraus waltenden Kraft und Weltvernunft. Im Daoismus wird diese Haltung „Wu Wei" genannt.

Lao Tse beschreibt sie im Dao De King als sich selbst begründendes, aber auch unbegründet wirkendes Prinzip.

Für den Lebenskünstler ist das Nicht-Tun eine erlaubte und auch gewollte Weise, auf dem Wege zu sein, ohne ein Ziel definieren und vorgeben zu müssen.

Darum nimm dir immer wieder einmal Zeit für das Nicht-Tun.

Du wirst unzweifelhaft den Sinn deiner Entscheidung erkennen.

Lektion 78: Irgendwie, irgendwo, irgendwann

Wahrscheinlich wird dir die Überschrift dieser Lebenslektion bekannt vorkommen.

Sie entstammt dem Text eines Liedes von Nena, eines Schlagerstars unserer Zeit. Du solltest dich zunächst aufgefordert fühlen, die Textzeile leise, vielleicht für andere unhörbar, wie ein Mantra selbst zu singen oder zu sprechen. Wenn du möchtest, schließe dabei die Augen und erlebe die Wirkung dieser Worte. Enge deren Bedeutungsgehalt nicht zu weit ein, wie die Lotteriespieler, die Jahrzehnte lang auf den Hauptgewinn warten. Lasse das „Irgend" sich ausbreiten auf deine üblichen Alltags- und Lebensräume und nimm wahr, dass es, abhängig von deinen Wünschen, sich nicht so selten zeigen wird. Wage es daher im umfassenden Sinn zu „existieren".

Suche, wie Karl Jaspers appellierte, die „Existenzerhellung", die stets vorhandene Fülle der eigenen Entfaltungs- und Entwicklungsmöglichkeiten. Du wirst dich in der stetigen Spannung der nur scheinbaren gegensätzlichen Kräfte der Begierde und der Vernunft wiederfinden. Jaspers war überzeugt, dass auf diesem Weg sich das jeweils Beste entbergen und zeigen werde, das dem Unachtsamen verschlossen bleibt.

Der Mensch sei dazu aufgefordert, sich niemals zu „verfestigen", sondern mit sich unterwegs zu sein, offen für neue, häufig beglückende Erfahrungen. Auch die Gefahr des Scheiterns sollte niemanden davon abhalten, unbekannte Wege einzuschlagen. Es mache die Brüchigkeit und die Relativität der Welt deutlich. Umso mehr ist damit der Aufbruch zum „Irgend" gefragt. Das Scheitern fordert heraus zum Neustart und zum Neuentwurf. In der Bewegung auf die Irgend-Ziele zu öffnen sich für die existenziellen Wanderer Tore der Lebensweisheit und der Lebensfreude.

Lebenskünstler sind „Zeitartisten". Sie wagen und vollziehen das „Irgendwann".

Sie sind Suchende auf dem Weg der Existenzerhellung, immer unterwegs zum „Irgendwo". Schließlich erleben sie sich nicht festgeschrieben, sondern möglich und halten sich das „Irgendwie" grundlegend offen.

Spiele mit den Worten und Erfahrungen und stelle wie Karl Jaspers fest, dass der Prozess der Erkenntnis und deren Umsetzung ein unendliches Spiel von und mit Chiffren darstellt.

Halte an, suche die versteckten Daseinserklärungen, glaube an das „Irgend".

Lektion 79: Nimm es heiter

Die Volkskulturen aller Zeiten und an den meisten Orten unseres Planeten verfolgten ein vorrangiges Ziel, die Verdrängung der Unlust und der Melancholie. Wer die typischen US-amerikanisch geprägten Fernsehfilme konsumiert, der erlebt ein Potpourri aus Witz, Scherz und oberflächlicher Heiterkeit. Es soll und muss gelacht werden.

Auch der gesellige Mensch gibt sich locker-witzig und ansteckend-fröhlich. Tiefsinnigkeit verdirbt die Stimmung.

Die Philosophie der Heiterkeit geht auf den Hellenisten Epikur zurück. Der Epikureismus wird im Allgemeinen als Lustlehre beschrieben. „Alles Wählen und Streben geht doch auf das Wohl des Leibes und die Ruhe der Seele: Denn das ist das Telos eines glücklichen Lebens. Und was wir tun, tun wir, um der Unlust zu entfliehen und die Ruhe der Seele zu finden."

Ein wichtiges Lebensziel sollte demnach das „Erreichen der heiteren Meeresstille" sein, dies sowohl auf volkstümlicher wie auf kultivierter Ebene.

Auch der Daoismus kennt und postuliert die gelassene Heiterkeit, dies allerdings unter Einbezug der dunklen Seiten und der Doppelgesichtigkeit des Lebens. Nietzsche reaktivierte den aus der griechischen Mythologie stammenden Gegensatz des apollinischen und des dionysischen

Lebensprinzips. Dionysos bevorzugte den Rausch, den Exzess und die Ekstase des Lebens. Apoll gab sich moderat, reflektiert, mit sich selbst und der Welt sinnend beschäftigt, um ihr und sich Form und Deutung zu vermitteln. Aus eben diesen historischen Zeugnissen kennen wir den Musikwettstreit zwischen Apoll und dem Hirtengott Pan. Die scheinbare musikalische Primitivität wetteifert mit der vernunftbegründeten Hochkultur.

Lebenskünstler stillen ihren Lebensdurst aus beiden Quellen. Sie bedienen Körper, Geist und Seele gleichermaßen mit einer grundlegenden Heiterkeit des Seins. Hierzu benötigen sie keine äußeren Stimmungsmacher oder Belustigungen. Sie finden in sich selbst und in ihren alltäglichen Begegnungen jeweils den Genuss, der dem Ausgleich der Leidenschaften folgt.

Du solltest in deinem sozialen Umfeld auf die Suche gehen, heiteren Menschen zu begegnen.

Du darfst als Signale den Augenausdruck und die präsentierte Mimik wählen.

Stelle dich aber auch selbst häufiger vor einen Spiegel und fordere dich auf, einem heiteren Menschen ins Gesicht schauen zu wollen.

Lektion 80: Erfahre deine Befindlichkeit

Vielfach täglich wirst du diese nur scheinbar interessierte Frage von dir näheren oder ferneren Menschen hören: „Wie geht es dir?"

Wer will das wirklich wissen? Was wird geschehen, wenn du offen und ausführlich antworten solltest? Wirst du Befremden und Ablehnung erfahren?

Dabei geht es hier doch um eine der wichtigsten Selbstüberprüfungen, die allerdings in erster Linie die Betroffenen angeht. Was unternehmen Menschen, um ihre Befindlichkeit zu erfassen und zu beschreiben?

Wir leben in einem Zeitalter der fortgeschrittenen Informationstechnologie. Wir unterwerfen uns medizinischen Messungen jeglicher Art, testen unsere Intelligenzleistung und Wahrnehmungsfähigkeit, unsere psychischen und sozialen Kompetenzen. Aber: Was sagen alle diese Maßzahlen und Testwerte letztendlich über uns selbst aus? Sie objektivieren und relativieren das eigentliche Dasein.

Martin Heidegger versuchte mit seinen ihm eigenen Wortneuschöpfungen die Selbstherausforderungen und den Selbstbezug des existierenden Menschen wiederherzustellen. Dabei verstand er die geistig-seelische Selbstgegebenheit als „Ek-Sistenz", als Hinausstehen auf die Erfahrung des Seins. Der Mensch habe zunächst sein „Da-Sein" zu erfassen. Was soll das heißen? Wir sollten uns eingestehen, dass wir mit einer in der Moderne immer weiter fortschreitenden Daseins- und Seinsvergessenheit leben. Das Grauen vor dem Nichts lauert allenthalben. Dennoch böten sich nach Heidegger unendlich viele Möglichkeiten, der eigenen, ebenso wie der Befindlichkeit der Welt zu begegnen. Wir erleben uns dann als existierende Menschen, wenn wir uns erfahren als „Hinein-Gehalten-ins-Dasein", als je persönliches „In-der-Welt-Sein", als „Bei-Sein", als „Mit-Sein" und schließlich als „In-Sein". Wahrheit scheine sich zu verbergen, entberge und lichte sich aber dem Menschen, der sie in seiner konkreten Zeitlichkeit und Geschichtlichkeit erfährt.

Auch Lebenskünstler werden es nicht leicht haben, Heidegger zu verstehen und sein Denken umzusetzen. Sie dürfen sich aber von den ständigen Daseinsherausforderungen begründet und getragen wissen. Ihre Befindlichkeit ist niemals statisch. Sie ist als stets dynamisches „Werden" zu begreifen.

Im Selbstentwurf sind Lebenskünstler sich immer schon einen Schritt voraus.

Sie nehmen sich selbst denkend vorweg. Darum erlebe und erlaube dir das existenzielle Paradoxon der das Dasein fordernden „Befindlichkeit"!

Lektion 81: Experiment „Still-Face"

Der US-amerikanische Psychologe Edward Tronick ist bekannt geworden durch seine Interaktionsforschung Mutter-Kind. Depressive oder unsicher gebundene Mütter signalisieren ihren Kindern ungewollt Vernachlässigung oder Desinteresse. Die Kinder könnten demzufolge frühe psychische Störungen entwickeln. Entscheidend für die Mutter-Kind-Bindung sei die Mimik der Mutter, im negativen Fall die präsentierte Ausdruckslosigkeit („still face"), im positiven Fall der liebevolle Blick. Die emotionale Hinwendung zum Menschen bzw. der emotionale Rückzug aus dem Leben würde auf diese Weise vorprogrammiert. Tronick verallgemeinerte seine Thesen und sah jegliche gelungene Beziehung an als Ergebnis eines gemeinsamen co-kreativen Schaffens eines kommunikativen Sinns.

„Ein aktiver gemeinsamer diadischer Bewusstseinszustand, das Erzeugen eines neuen Sinns, initiiert den Veränderungsprozess, den Prozess des Beziehungsaufbaus und erlaubt es, den anderen kennenzulernen".

Wir erleben unsere Verunsicherung, wenn wir einem emotional starren Menschen begegnen. Dies mag von diesem gewollt sein als sogenanntes „Pokerface" oder als emotionale Zurückhaltung (Schüchternheit). Wir kennen aber auch das ausdruckslose Gesicht des Parkinson-Kranken, der infolge eines Botenstoffmangels im Gehirn motorisch eingeschränkt leben muss. In der Kommunikation suchen wir immer auch die nonverbalen Botschaften der anderen. Kommunikationspsychologen behaupten, dass wir in der Regel eher auf diese Signale reagieren als auf verbale Mitteilungen. Weniger als 10 % der emotionalen Botschaften würden über gesprochene Worte übermittelt, mehr als 50 % über Gesten, Körperhaltung und Gesichtsausdruck, ca. 40 % über Tonhöhe, Sprachmelodie und Sprachexpressivität.

Lebenskünstler achten den ganzen Menschen. Sie suchen so oft wie möglich „Ausdrucksbeziehungen". Der interessierte Blick, das unspezifisch auffordernde Lächeln und die präsentierte Offenheit überwinden Distanz und schaffen Nähe.

Das Gegenbild des „Still-Face" ist die Bestätigung der emotionalen Bindung.

Daher zeige und bestätige deinen Gesprächspartnern häufiger: „Ich sehe, was du fühlst".

Lektion 82: Lasse dir Zeit

Ludwig Wittgenstein schlug einst vor, den Ausdruck „Lass dir Zeit" als generellen Gruß der sich begegnenden Philosophen zu nutzen. Er konnte sich mit seiner Anregung nicht durchsetzen, obwohl bedeutende Vorgänger ähnliches gefordert hatten.

Nietzsche hatte festgestellt, dass unsere Zivilisation aus Mangel an Ruhe in eine neue Barbarei auslaufe. Wie recht sollte er haben! Eine der meistgebrauchten Entschuldigungen und Verweigerungsaussagen unserer Tage lautet: „Ich habe leider keine Zeit." Wir wissen, dass jedem nach unserer Zeiteinteilung 24 Stunden am Tag zur Verfügung stehen. Dieses Zeit-Vermögen lässt sich langsam oder schnell aufbrauchen. Einer der Urheber der Langsamkeitsphilosophie im deutschen bzw. europäischen Kulturraum ist Goethe. Sein tragischer Held, Faust, scheitert an der „Eilkrankheit". Er lässt Mephisto eine in dieser Hinsicht eindeutige Charakterisierung formulieren: „Ihm (Faust) hat das Schicksal einen Geist gegeben, der ungebändigt immer vorwärts dringt und dessen übereiltes Streben der Erde Freuden überspringt." Goethe schien die Entwicklung unserer Kultur vorauszusehen. Er beschrieb zutreffend die gegenwärtige Grundhaltung der meisten Menschen. Sie nehmen sich keine Zeit, vielleicht noch schärfer betont in der kapitalistischen Variante: „Zeit ist Geld". Goethe hatte hierfür, durch Wieland inspiriert, einen spezifischen

Begriff gefunden: Das „Veloziferische", die teuflische Eile.

Mit dieser fatalen Grund- und Lebenshaltung des westlichen modernen Geistes verpasse der Mensch mit Zeitverschlingendem Tempo in jedem Augenblick den vorhergehenden.

Lebenskünstler gestalten ihre Stunden und Tage zeitbewusst. Sie haben es sich zur Angewohnheit gemacht, innezuhalten, immer wieder Minuten des Abstands vom geschäftigen Alltag zu gewinnen und sich zeitlich zurückzuziehen. Sie erlauben sich dann auch den Ausspruch, „ich habe jetzt keine Zeit" … hier für die Selbstvergessenheit des üblichen Lebens nach vorgegebenen Terminplänen.

Vielleicht könntest du dir nur jeweils täglich einige Minuten des zeitbewussten Lebens einräumen. Du solltest dann die von Wittgenstein geforderte Grußformel benutzen und häufiger den dir Begegnenden wünschen: „Lass dir Zeit."

Übrigens, die Chinesen kennen diese Sätze seit langem. Sie sprechen sie regelmäßig zu verschiedenen Anlässen aus. Statt „guten Appetit" wünschen sie sich „langsam essen/und genießen". Statt „gute Reise", heißt es „langsam fahren/und sicher ankommen".

Du solltest neugierig, vielleicht aber auch vorsichtig sein, welche Reaktionen deine Gesprächspartner zeigen werden.

Lektion 83: Leben zielgerecht

Gibt es allgemeinverbindliche Vorgaben für das menschliche Leben? Außer den basalen Instinkten und Bedürfnissen scheint uns wenig zu steuern. Essen, Trinken, Schlafen, Sexualität … und sonst? Generelle proklamierte Lebensziele werden in der Regel frühzeitig als Ideologien und fremdgesetzte Normierungen des Lebens erkannt, denen man sich freilich unterordnen darf. Jean Paul Sartre stellt dementsprechend fest, dass dem Menschen kein Schema, keine erfahrbare Wesenheit, keine Aufgaben oder Werte als Ziele für sein Leben mitgegeben werden.

„Es gibt keine Natur des Menschen, die den Menschen festlegt, sondern nur der Mensch ist das, was er aus sich macht." Wir finden uns existierend vor, haben dann eine Lebensdauer lang unsere Freiheit aufzufüllen. Dementsprechend sind wir kurz- und langfristig auf der Suche nach Zielen, um unseren alltäglichen Bemühungen eine Ausrichtung zu geben. Ein bekannter populär-philosophischer Slogan lautet: „Wer keine Ziele hat, der kann auch keine erreichen." Wenn wir unsere Existenz nicht nur einfach ableben wollen, müssen wir uns sinn- bzw. zweckvoll verhalten und selbst strukturieren. Dabei sollten wir die beiden Begriffe differenzieren. Sinnvoll existieren bedeutet, die Geschenke der eigenen Sinne und Sinnlichkeit annehmen und nutzen zu wollen. Ein zweckvolles Leben dient dem Primat der Nützlichkeit und ist häufig fremdorientiert. Missachten wir beides, droht die Nichtung des Einzelnen und die Degradierung zum „man", zum Teil der Masse. Wir sind uns selbst zielgerecht überlassen und verantwortlich; wir sind dem Humanismus, dem rein menschlich aufgegebenen Sinn verpflichtet; wir sind dem stets drohenden Nihilismus, dem Selbstuntergang ausgeliefert.

Lebenskünstler sind dankbar dafür, nicht in ihrer Existenz festgestellt zu sein.

Sie geben sich über ihr Begehren und ihr Selbstinteresse, sowie mittels ihrer achtsamen Lebenshaltung, selbst eigene kurz- bis mittelfristige Ziele vor:

„Heute möchte ich …,

für diese Woche plane ich …,

jetzt erwarte ich von mir ..."

Sie fordern sich Bilanzen ab, sie stellen eigene Lebensgewinnrechnungen auf:

„Dies war/ist für mich wertvoll …,

davon konnte/kann ich existenziell profitieren …,

das bringt mich weiter, auf dem Wege zur Realisierung meines Wesens."

Versuche in diesem Sinne, eigene Ziele zu entwerfen und umzusetzen. Du wirst erfahren, dass es sich lohnt, selbstzielgerecht zu leben.

Lektion 84: Suche deine Bedeutung

Beginne mit einer Selbstverleugnung: Dich gibt es nicht; einen Wert besitzt du nicht; ob du existierst oder nicht, interessiert niemanden. Schon wenige Jahre nach deinem Tod wirst du dauerhaft vergessen sein, nicht unwahrscheinlich auch schon vor deinem Ableben. Wie geht es dir jetzt? Wirst du teilnahmslos oder resignativ reagieren? Vielleicht stimmst du auch einfach nur zu. Du bist nicht mehr als ein Sandkörnchen an den Gestaden der Weltmeere, was willst du dir einbilden?

Von Mutter Teresa stammt die konträre Aufforderung: „Nötiger als Brot hat der Mensch, in der Gesellschaft erwünscht zu sein. Keinem Menschen etwas zu bedeuten, das ist eines der schwersten Leiden."

Wir sollten jedoch nicht einem der aktuellen weit verbreiteten Bedürfnisse verfallen, in jeder Hinsicht von anderen anerkannt und gemocht zu werden („Everybody´s Darling") und nach Zuwendung gieren. Das zu erwartende Resultat ist der extravertierte und außengeleitete Mensch, der keine Eigentümlichkeit mehr besitzt. Seine Bedeutung sollte jeder Einzelne zunächst und mit sich selbst erreichen: „Ich bin froh, dass es mich gibt, so wie ich bin und so, wie ich mich gestalten darf."

Man könnte demnach zunächst auch glücklich sein, wenn man die Zustimmung der anderen nicht fordert.

Diese Leitlinie hatte sich schon Goethe gesetzt. Der Mensch erlebt sich immer „aufgespannt" zwischen Selbstachtung und Bedeutung. Niemand besitzt für niemanden oder für nichts einen Wert! Den Ausgangspunkt, gewissermaßen das eigentliche Fundament, stellt jedoch immer der sich zugebilligte Selbstwert dar, das Wohlwollen sich selbst gegenüber. „Liebe deinen Nächsten wie dich selbst", wer kennt die biblische Aufforderung nicht? Wer sich selbst einen Wert zu geben vermag, der erreicht Selbstsicherheit. Wer Selbstsicherheit vorweist, der erhält soziale Beachtung. Wer sozial beachtet wird, der erreicht Bedeutung.

Lebenskünstler suchen ihre Bedeutung daher zunächst bei sich selbst und im Umgang mit sich selbst. Sie leben einen gesunden Narzissmus. Ihre Selbstachtung bestimmt ihre Ausstrahlungsstärke und letztendlich ihre Mitmenschlichkeit. Ihnen gelingt es auf diese Weise, aus einem um Aufmerksamkeit bettelnden „Jemand" einen liebenswerten Menschen zu machen.

Suche also deine Bedeutung im Wechselspiel: Achte dich und gib dich nicht auf für einen reinen Anerkennungslohn. Beachte aber auch den Rat des Jesuiten Balthasar Gracian (Handorakel und Kunst der Weltklugheit): „Der Weg zur Größe ist mit Anderen."

Lektion 85: Nimm es leicht

Heutzutage sind „Light-Produkte" in. An der Käsetheke wird die Sorte bevorzugt, die weniger Milchfett enthält, obwohl Fett der eigentliche Geschmacksträger ist. Coca-Cola wird auch in der Light-Variante nicht zum gesunden Getränk. Die enthaltene Phosphorsäure wird unverändert die Magenschleimhäute und Knochen der diätbewussten Konsumenten angreifen.

Auch ein „Leben-light" erscheint zunächst nicht unbedingt empfehlenswert zu sein. Hellmuth Karasek stellt in seinem Buch „Betrug" einen Romanhelden vor, der diese Lebensweise praktiziert. Robert ist trotz vorzeigbarer Journalistenkarriere letztendlich ein Lebensversager, ein seelischer und sozialer Schwächling. Er lebt gesichtslos, mit Lebenslügen und Liebesversagen, mit dem, wie Karasek es ausdrückt, „faden Charme des Allzubekannten". Robert trifft keine klaren Lebensentscheidungen. Er verbringt seine Tage ohne Phantasien der Bilder und Geschichten. Er lebt in einer Welt ohne Geheimnisse, außer denen, die er wegen seiner lediglich „ausgeübten" Doppelbeziehung gegenüber seiner Frau und seiner Geliebten wahren muss.

Die Forderung, das Leben leichtzunehmen, darf aber auch gänzlich anders verstanden werden. Das Karlsruher Netzwerk „Leichter leben" setzt auf die Eigenverantwortung und auf die Selbstorganisation des Menschen. Die Gruppe gibt sich nicht unbedingt schwierig zu realisierende Vorgaben für ihre Arbeit: „Wir arbeiten zusammen. Wir beteiligen uns. Wir kooperieren. Wir arbeiten ressourcenorientiert. Wir bringen Menschen zusammen. Wir reden miteinander. Wir probieren aus. Wir sind mutig. Wir sind achtsam. Wir reflektieren. Wir entwickeln uns. Wir haben Spaß. Wir sind transparent. Wir sind authentisch."

Trotz dieser langen Liste der in Formeln gebrachten Selbstherausforderungen scheint es einfach zu sein, diesen Prinzipien für ein leichtes Leben zuzustimmen.

Lebenskünstler dürfen sich unverbindlich bedienen. Nicht zu unterschätzen wäre natürlich eine gewisse Selbstverpflichtung und demnach eine selbst entschiedene Lebensverbindlichkeit, die Karaseks Held Robert nicht zeigt. Philosophisch weist die praktizierte Leichtigkeit des Lebens zurück auf Sokrates. Er verstand es, schwierige Themen und Fragen im erschließenden Gespräch nahezu selbstverständlich anzugehen. Er vertrat die Auffassung, dass in jedem Menschen die Weisheiten des Lebens verborgen sind. Als Sohn einer Hebamme fühlte er sich berufen, bei der Geburt der Wahrheit zu helfen. Selbst den Schierlingsbecher leerte er mit einer kognitiven und seelischen Haltung, die seine traurigen Freunde davon überzeugen konnte, dass Sokrates nicht nur das Leben, sondern auch den Tod leichtnahm. Gegenüber seinem Freund Kritias soll er noch vor seiner bevorstehenden Hinrichtung geäußert haben, dass es einem Siebzigjährigen kaum gestattet sein sollte, über den ohnehin nahenden Tod unwillig zu sein.

Sollte es dir gelingen, eine annähernd ähnliche Leichtigkeit des Lebens anzunehmen? Vielleicht gehst du zunächst nicht von Sokrates und dem Ende deines Lebens aus. Den Vorgaben des Netzwerkes „Leichter leben" könntest du ohne erhebliche Anstrengungen folgen.

Lektion 86: Spiele mit deinen Gedanken

„Die Gedanken sind frei, wer kann sie erraten, sie fliehen vorbei wie nächtliche Schatten …, denn meine Gedanken zerreißen die Schranken und Mauern entzwei: Die Gedanken sind frei ...“

Dieses bis heute vielfach gesungene und interpretierte Lied wurde erstmals 1780 auf Flugblättern veröffentlicht. Der Text steht symbolisch für die Sehnsucht nach Freiheit und für den Kampf gegen Unterdrückung. 1942 soll Sophie Scholl an der Mauer des Gefängnisses, in dem ihr Vater von den Nationalsozialisten inhaftiert worden war, die Melodie auf ihrer Blockflöte gespielt haben.

In unseren Gedanken dürfen wir uns in jeder Hinsicht sowohl aus dem Unerwünschten entfernen als auch Sehnsüchte und Wünsche in der Imagination realisieren. Dabei dürfen deren kognitive und projektive Energien und Potenziale nicht unterschätzt werden. Descartes bekannter Satz „Ich denke, also bin ich“ begründete unser gesamtes westliches Erkenntnis- und Wissenschaftssystem.

Auch in der östlichen Philosophie besitzt die Kraft des Denkens eine große Bedeutung. Hier ist vor allem an die weisen Worte von Siddhartha Gautama Buddha: „Was du denkst, bist du. Was du bist, strahlst du aus. Was du ausstrahlst, ziehst du an.“

Der Mensch erfasst und definiert sich selbst kognitiv. Selbst seine Gefühle und vitalen Lebensäußerungen formuliert er nicht selten paradox: „Ich denke, ich bin müde ..." Der Gedanke entbirgt nicht selten grundlegende Überlebensbedürfnisse, die im Alltag missachtet werden könnten. Er ist die Wurzel unserer Selbst- und Lebensentwürfe sowie unserer Selbstsinngebung. Daher treffen wir mit der Forderung, mit unseren Gedanken häufiger zu spielen, eine elementare Entscheidung für die Freiheiten unseres individuellen Lebens.

Lebenskünstler wissen dies zu schätzen und widmen sich so oft wie möglich in ihrem Alltag ihren Gedankenspielen.

Es erscheint dann kaum verwunderlich, dass sie kreativ leben, im wahrsten Sinne des Wortes. Sie erschaffen sich und ihre Welten gedanklich immer wieder neu.

Sie suchen und finden ihre kognitiven Lebensräume.

Nimm den Auftrag des Gedankenspiels immer wieder einmal auf. Du wirst an Ausstrahlungskraft gewinnen, für dich und für andere.

Lektion 87: Schätze das Geringfügige

Der tschechische Lyriker Jan Skácel schreibt in einem
seiner Bücher unter dem schönen Titel: „Für Alle, die im
Herzen barfuß sind":

„Längst weißt du doch, die große Bedürftigkeit all der
minderen Dinge ist jetzt angebrochen, all jener geringsten
und noch um vieles geringeren Dinge."

Skácel wird von seinem Übersetzer, dem Schriftsteller
Reiner Kunze, als Dichter der Sehnsucht, der Kindheit und
der Unbeschwertheit beschrieben. Kinder schätzen das für
uns Erwachsene Unscheinbare oder das ökonomisch Wert-
lose als wertvolles Spielzeug. Der indische Nobel-preisträ-
ger Rabindranath Tagore beobachtete einen kleinen Jun-
gen, der inmitten einer eilenden, hastenden Menschen-
menge im Spiel versunken vor einer Pfütze saß. Er hatte
aus einem Stückchen Baumrinde, einem verdorrten
Zweiglein und einem Papierfetzen ein Segelboot gebastelt.
Mit Inbrunst pustete er es von einem Ende der Pfütze zum
anderen, immer wieder seine Position wechselnd. Tagore
sprach seine Bewunderung aus für dieses Kind, das nicht
viel brauchte, um in diesem Moment Glück zu erfahren.
Wir erwachsenen Menschen müssten Tonnen von Stahl
und anderen Baustoffen zusammen-tragen, um Ozean-
dampfer zu konstruieren, mit denen wir letztlich auch nur
hin- und herreisen. Ob wir in ähnlicher Weise Vergnügen

finden würden, bliebe dabei letztendlich noch fragwürdig.

Lebenskünstler schätzen die Haltung des Entsagens und die Freude an der Geringfügigkeit. Sokrates soll gerne über den Athener Markt geschlendert sein, ohne etwas zu kaufen. Er war zufrieden, wenn er so viele Dinge betrachten und feststellen konnte, dass er sie nicht brauchte.

Dem Achtsamen öffnet sich die Welt der nur scheinbar minderen Dinge. Wie dem Knaben in Tagores kleiner Geschichte, werden die Natur und die Kreatur uns unendlich viele geringe und doch wertvolle Geschenke anbieten. Wir müssen sie nur als Angebot wahrnehmen und nutzen.

Jan Skácel könnte hierfür ein hervorragender Lehrer sein. Wir dürften ihm einfach auf seine Weise folgen: „… in den Wiesen hängen die Nebel Wäsche auf" oder „…er ging still hin, sich hinter der Stille zu verbergen."

Skácel zeigt sich aber auch bezogen auf existenzielle Fragen als kreativer und emotional offener Lebenskünstler: „Haben wir den Mut, nach der Angst zu fassen wie nach einer Klinke und einzutreten."

Vielleicht konntest du dich inspirieren lassen und wirst neugierig sein, mehr der geringen Dinge von diesem Autor zu erfahren. Dann nutze die Gegebenheiten und lies.

Lektion 88: Erwarte das Kommende

Wir leben einen propagierten Hier- und Jetzt-Alltagsstil. Der momentane Genuss wird gefordert: Konsumiere die Gegenwart! In Münster wirbt ein „Hier-und-Jetzt-Burger-Restaurant" um seine Kunden: „Hier und jetzt ist der Ort, wo dies möglich ist, einfach essen, trinken, leben. Ohne Schnickschnack, pur, regional, nachhaltig, gut … Bis bald im Hier und Jetzt".

Vielfach berufen sich die Ideologen des Aktualbewusstseins auf den römischen Dichter Horaz: „Noch während wir hier reden ist uns bereits die missgünstige Zeit entflohen. Genieße den Tag und vertraue möglichst wenig auf den folgenden."

Man glaubt sich hier auch auf die Lehre der Epikureer beziehen zu dürfen, die das lustvolle Leben betonten. Epikur wurde jedoch häufig missverstanden. Das eigentliche Ziel der Hedonisten ist die Lust an der ausgeglichenen Ruhe des Geistes. Auch Horaz würde sich anders verstanden wissen wollen. Seine Aufforderung: „Carpe Diem" ist am ehesten zu übersetzen mit „pflücke den Tag". Übersieh die Früchte nicht, wie sie sich dir im epikureischen Garten zur Fülle und zum Genuss anbieten. Pflege aber auch diesen Schatz der Natur und wisse ihn zu nutzen, wann immer du möchtest.

Damit wird deutlich, dass die Lust der Erfüllung nicht nur auf den Moment ausgerichtet sein kann. So bedeutet dem geistig Genießenden die Erwartung des Beglückenden wesentlich mehr als dessen tatsächliches Eintreten. Die Projektion der Lust erweitert und steigert das Glücksempfinden.

Wir dürfen gelassen nach vorne und in die Zukunft schauen, im Bewusstsein, dass unsere Lebenshaltung uns in der Regel einen Zugang zur seelischen Zufriedenheit bieten wird.

Auch der Dalai Lama präsentiert uns diese optimistische Perspektive: „Nichts ist entspannender als das anzunehmen was kommt."

Lebenskünstler finden immer eine Deutung des „Gekommenen" als notwendig aus dem Gegenwärtigen resultierendes Ereignis. Sie finden eine Erklärung und eine jeweils „berechtig-positive" Perspektive für sich. Den Satz des Horaz würden sie umformulieren wollen in die Aufforderung: „Carpe Posterum" (ergreife das Zukünftige). Das Vergangene war einmal, das Gegenwärtige ist jetzt, die Zukunft wird sein. Menschen leben im Gegensatz zu Tieren projektiv. Sie verstehen es, sich auch im Jetztzustand am Kommenden zu erfreuen und ihre Zukunftsoffenheit zu genießen.

Daher: Traue dich, dich zu entwerfen.

Lektion 89: Suche das Dauerhafte

Ein Missverständnis scheint weit verbreitet zu sein: Das Bestreben nach Dauer wird der konservativen Geisteshaltung zugeordnet. Dabei geht es um ein grundlegendes menschliches Bedürfnis, sich in vielfacher Hinsicht einrichten zu wollen. Nach der Zeit der Jäger und Sammler bevorzugten die Menschen die Sesshaftigkeit. Dem entgegen propagieren nicht wenige Ideologen der gegenwärtigen ökonomischen Lebensweise den Imperativ des Machen-Wollens.

Statt mit dem Erreichten sich selbst gestaltend umzugehen suchen die Getriebenen der Zeit die stetige Veränderung.

Der Ausruf „der/die hat schon wieder etwas Neues" gilt als Belobigung. Die auf diese Weise weniger mit sich selbst als mit dem Vorzeige-Selbst Beschäftigten leben mit einem permanenten Drang.

Schon Nietzsche beschrieb diese Lebenseinstellung des modernen Menschen als stetigen Spannungszustand, in dem sich der dauerhaft zur Selbstverbesserung angetriebene Mensch befinde.

Das Ergebnis dieses von fremdbestimmtem Ehrgeiz angetriebenen Gemeinschaftsverhalten beschreiben Soziologen als „Müdigkeitsgesellschaft" oder als „Epidemie des erschöpften Selbst".

Lebenskünstler stellen der wiederholten Frage „was willst du werden" ein entschiedenes „ich bin schon" entgegen. Sie bevorzugen die Intensität des Verharrens und die Verteidigung des Dauerhaften. Sie entledigen sich des stetigen Vertikaldranges, mehr und immer Besseres erreichen zu wollen. Einer der frühen Apologeten der Dauerhaftigkeit war Lao Tse. Mit dem rhetorischen Muster des komparativen Vergleichs macht er deutlich, welche Grundeinstellungen zum Leben Zufriedenheit und Glück verheißen können:

„Wer andere kennt, ist klug. Wer sich selber kennt, ist weise. Wer andere besiegt, hat Kraft. Wer sich selber besiegt, ist stark. Wer sich durchsetzt, hat Willen. Wer sich selber genügt, ist reich. Wer seinen Platz nicht verliert, hat Dauer. Wer auch im Tode nicht untergeht, der lebt."

Lao Tse erreicht es, aus der rechten Lebensweise eine Haltung zum Tode erwachsen zu lassen.

Lebenskünstler kennen daher eine unausgesprochene Dauerhaftigkeit des Selbst über die natürlichen Grenzen ihrer Existenz hinaus. Sie erheben das „Dauern" zum Existential.

Übe in diesem Sinne zu oft wie möglich, Ausdauer zu zeigen in der Unruhe der Gegenwart.

Lektion 90: Entwickle Absichten

Du kennst die entwicklungsbiologische Ur-Frage: Was gab es zuerst, die Henne oder das Ei? Inzwischen wissen wir mehr. Der Lebensprozess startet biochemisch auf wesentlich niedrigerem Organisationsniveau.

Eine ähnliche Frage könnten wir erkenntnistheoretisch bzw. psychologisch stellen: In welchen Verhältnissen stehen Absicht und Energie zueinander? Geht die Energie der Absicht voraus oder umgekehrt die Absicht der Energie? Kein natürlicher Prozess wird ohne Energie ablaufen können. Kann Energie naturwissenschaftlich „blind" sein, im übertragenen Sinne absichtslos verloren gehen?

Aristoteles ging von einer Zweckhaftigkeit alles Seienden aus, die er Entelechie nannte. „Ein jedes Lebewesen trägt Ziel und Zweck in sich selber und entfaltet sich dieser, seiner inneren Zielstrebigkeit gemäß." Jeder Mensch habe daher die Aufgabe und die Chance, sich im gesamten „Umkreis seiner Möglichkeiten" zu verwirklichen. Energie bedeutet im Denkmodell des Aristoteles lebendige Wirklichkeit. Hier ist der Übergang zur Handlungsenergie zu suchen. Sie stellt eine Transformation des ursprünglichen Lebensprozesses dar. Sie entspringt gewissermaßen aus der inneren, gleich immanenten Absicht und wird über die Kognition zur bewussten auf- und vorgenommenen Absicht. Damit wird deutlich, dass Energie und Absicht untrennbar miteinander verbunden sind, so wie Henne und Ei.

Es wird darauf ankommen, beide Potenziale wechselseitig gewinnbringend zu nutzen.

Lebenskünstler erfahren ihre Energie als kaum erschöpflichen Lebensvorrat. Sie verstehen es, sie umzuformen. Aristoteles hätte diesen Prozess genannt, den Stoff in Formen zu bringen. Sie bauen auf diese Weise Motive und letztendlich Absichten für ihr selbst gewolltes Leben auf. Die Absichten wiederum werden Energien mobilisierbar machen und Stärken zeigen. Lebenskünstler bringen für ihre Ziele und Absichten immer so viel Energie auf, wie sie an ihr Gelingen glauben.

Die Shaolin-Mönche glauben an den Erfolg ihres Handelns und sind in der Lage, mit geballter und konzentrierter Energie Ziegelsteine mit der bloßen Handkante zu zerteilen. Sie zentrieren gewissermaßen ihre Absicht auf den in diesem Moment einzig gewollten Schlag. Damit verschmelzen Motive, Handlungsimpulse und Energien zu einer für Außenstehende kaum glaubhaften oder nachvollziehbaren Wirkungsmacht. Shaolin-Mönche müssen nicht kämpfen, um zu siegen. Sie siegen, weil sie wollen. Ihre Absichten als imaginäre Fähigkeiten des Geistes sind ausreichend als zielgerichtete Grundlage ihres Tuns.

Daher gib dir immer wieder den Auftrag, absichtsvoll zu leben. Du musst nicht unbedingt Steine zertrümmern.

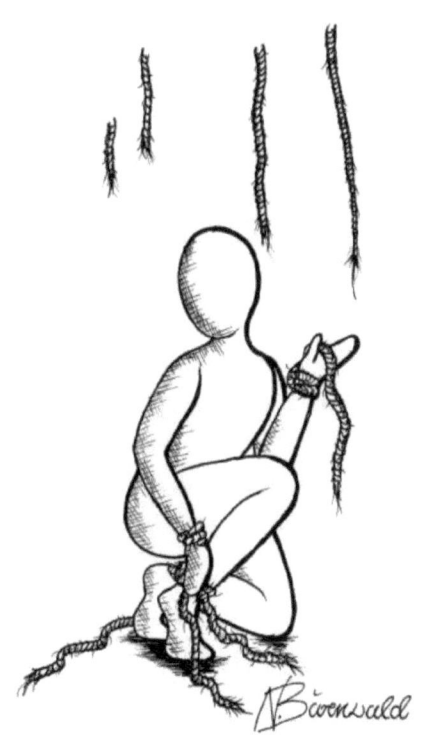

Lektion 91: Erkenne deine Verwundbarkeit

Zu einem der bekanntesten Sprüche der sogenannten Straßenpoesie gehört der folgende: „Manchmal ist die Art, wie wir handeln auch nur ein Spiegel unserer Wunden." Es gibt keinen Menschen, der komplett körperlich, seelisch oder sozial unverletzt seine Kindheit verlässt. Wir tragen unsere Traumatisierungen, Defizite oder unbewältigten Konflikte biografisch in und mit uns. Dies stellt sich vor allem in Verhaltensauffälligkeiten dar, die für andere, nicht selten aber auch für uns selbst, unverständlich und wenig nachvollziehbar erscheinen. Warum wird eher Alltägliches als Kränkung oder als Herausforderung erfahren? Weshalb wird der Erfüllung bestimmter Bedürfnisse eine nicht verallgemeinerbare hohe Priorität eingeräumt?

Psychotherapeuten deuten auf frühe Prägungen und individuell erfahrene bzw. konstruierte Zusammenhänge hin. Der Narziss musste Defizite der Zuwendung und Nähe hinnehmen. Der Zwangsneurotiker lebt mit unbewältigten Versagens- und Verlustängsten. Beide versuchen ihre nicht bearbeiteten Konflikte durch ihr, in der Fremddeutung krankhaftes Verhalten zu kompensieren. Sie schützen sich vor weiteren Verwundungen ihres Selbst. Sie suchen die körperliche, seelische oder soziale Immunisierung.

Der französische Existenzialist Albert Camus stellte einmal treffend fest, dass jeder das Opfer seiner eigenen Wahrheiten ist. Wir erzählen uns unsere Lebensgeschichte mit jeweils benötigter Akzentuierung immer wieder selbst. Wir fixieren uns auf diese Weise Trauma- oder Defizit-orientiert.

„Es tut mir leid, dass ich so bin, aber das ist das Ergebnis meiner Vergangenheit."

Auf diese Weise werden permanente Verlierer des Lebens definiert. Diese schauen und leben nicht vorwärts- sondern rückwärtsorientiert.

Lebenskünstler lehnen die propagierte Opferhaltung ab. Sie wissen sehr wohl um ihre spezifischen Empfindlichkeiten, können diese aber als Kompetenzen nutzen.

Sie verfügen dann über eine nur ihnen, aufgrund ihrer frühen Erfahrungen gegebene Sensitivität.

Wegen ihrer selbst erkannten Verletzlichkeit finden sie einen eigenen Zugang zur Welt. Lungenkranke erleben ihre freie Atmung als Geschenk. Opfer körperlicher oder psychischer Gewalt zeigen eine besondere Empfindsamkeit und Gesinnung. Sie geben sich so einen besonderen Selbstsinn. „Der Mensch ist entweder Opfer seines Schicksals oder Meister seine Bestimmung" (Herbert Spencer).

Es kommt darauf an, die eigene Erfahrung für die Selbstannäherung zu nutzen und sich auf diese Weise eine je besondere Bestimmung zu geben.

Analysiere deine Prägungen, verwandle deine Verletzungen in Kompetenzen!

Lektion 92: Achte die Ordnungen

In der griechischen Mythologie ist Chaos der Urzustand und die Ausgangs(un)bestimmung der Welt. Chaos bestimmt die völlige Unordnung und die gähnende Leere und hat das Nichts zum Ergebnis. Die Aufgabe einer ersten Ordnung, die Herausbildung und Gestaltung des Kosmos übernahmen in der griechischen Mythologie die Göttin der Erde, die Götter der Unterwelt und Eros, der Gott der Liebe.

Auch die Schöpfungsgeschichte der Bibel spricht von einer wüsten und leeren Erde, der eine göttliche Schöpfung und Ordnung vermittelt wird.

Die Geistesgeschichte ist als fortlaufendes Bemühen der Menschen zu verstehen, der Welt eine rationale Grundstruktur zu geben. eine Dabei bleibt zunächst unentschieden, ob Naturgesetze erfasst werden, oder ob göttliche „Ordnungsverfügung" angenommen wird.

Der Begriff Kosmos beinhaltet immer eine vernunftgemäße, ganzheitliche und zweckbezogene Ordnung der Dinge. Er setzt ein immanentes Gestaltungsprinzip voraus, egal welcher Herkunft.

Es fällt schwer, dies zu ignorieren. Schopenhauer beschrieb in einem seiner Aphorismen die offensichtliche Unabdingbarkeit eines vorgegebenen Willens und Prinzips.

„Jeder dumme Junge kann einen Käfer zertreten. Aber alle Professoren der Welt können keinen herstellen." Wir erfahren selbst das Mindeste und Kleinste strukturiert und zweckmäßig.

Naturwissenschaftliche Bemühungen sind seit ihrem historischen Beginn darauf ausgerichtet, vorgegebene Gesetzmäßigkeiten zu erfassen und zu beschreiben. Psychologen und Soziologen erkennen universelle Verhaltens- und Handlungsmuster, die ein Überleben der menschlichen Gattung garantieren.

Es erscheint daher unsinnig, Ordnungen infrage zu stellen, vorgegebene Baupläne abzulehnen und das Phänomen des Zufalls zu verteidigen.

Wirf die Taschenuhr deines Großvaters an die Wand und lasse sie in alle Einzelteile zerspringen. Warte dann darauf, dass sie sich eigenständig wieder zu einem komplizierten, funktionierenden Räderwerk zusammensetzt und dir die korrekte Uhrzeit anzeigt. Glaubst du immer noch an die reine Zufälligkeit der Dinge?

Lebenskünstler sind Ordnungssucher. Wohin sie sich wenden, sie finden beeindruckende Vorgaben und Prozesse des natürlichen Wollens und erkunden sie/diese in der Welt sowie in sich selbst.

Sie genießen wie die Kinder das Staunen und die überwältigende Freude. Sie können innehalten und alle Sinnesorgane nutzen. Letztlich dürfen sie zu dem Urteil kommen, dass wir in einem in jeder Hinsicht phantastischen Kosmos leben und dies als unentgeltlich zur Verfügung gestellt nutzen.

Begib dich immer einmal wieder auf die Suche nach Ordnungen. Erfahre dich sinn- und zweckvoll eingebunden in schöpferische Vorgaben und in globale „Pläne".

Lektion 93: Entfache das Feuer

Umgangssprachlich wird der Enthusiasmus, die unbedingte Begeisterung, mit den Worten beschrieben: „Ich bin/war Feuer und Flamme ..."

Die Symbolik des Feuers beschäftigt die Menschen seit der Antike. In zahlreichen Mythen der Völker gewinnt das Feuer eine ursprüngliche Bedeutung, in dem Sinne, dass die Menschen den Göttern gleich sein wollten, in dem sie verwandelnde, aber auch vernichtende Kräfte gewannen. Der Prometheus-Mythos hat dies zum Thema. Der Titan Prometheus, griechisch: der Vorausdenkende, entwendet den Göttern das Feuer, um es den Menschen zu bringen. Er prägt das Urbild des mutigen, rebellischen, jedoch tragischen Helden. Wegen seiner Freveltat wurde er an die Felsen des Kaukasus gekettet und musste erdulden, dass ein Adler seine immer wieder nachwachsende Leber fraß. Prometheus wird als symbolische Verkörperung des menschlichen Zivilisationsdranges gesehen. Das Feuer soll erhellen, erwärmen, aber auch Macht verleihen.

In seiner späten, autobiografischen Schrift „Ecce Homo" oder „Wie man wird, was man ist", beschreibt sich Friedrich Nietzsche selbst mit der Feuer-Metapher:

„Ja, ich weiß, woher ich stamme, ungesättigt gleich der Flamme, glühe und verzehr ich mich. Licht wird alles, was ich fasse, Kohle alles was ich lasse. Flamme bin ich sicherlich."

Nietzsche bestätigt in seiner Selbstbeschreibung die Ambivalenz des Menschen im Umgang mit dem Feuer. Flammen entfachen Faszination und brennende Leidenschaft. Sie bergen aber auch gleichzeitig die Gefahr der Vernichtung.

Die positive Bewertung der Flamme als im wahrsten Wortsinn „ansteckende Begeisterung" betonte Augustinus:

„In dir soll brennen, was du in anderen entzünden willst. Nur wer selbst brennt, kann Feuer in anderen entfachen."

Der Kirchenvater plädiert für das „brennende Herz" des christlichen Glaubens. Aber auch ohne diese religiöse Ausrichtung dürfte Augustinus ein hervorragender Alltags-Coach sein. Wer seine Aufforderung ernst nimmt, wird sich selbst und andere von der Sinnhaftigkeit seines Tuns überzeugen können.

Lebenskünstler sind im engsten Sinne „heiß" auf das Leben. Sie zeigen immer und überall eine brennende

Neugierde. Sie können Begeisterung für sich und andere entfachen. Sie sind Vorausdenker wir Prometheus und wissen wie sie auch mit dem Risiko des Scheiterns handeln müssen. Selbst wenn sie den Untergang befürchten müssten, wollen sie davon ausgehen, dass es ihnen am Ende ihres Lebens geht wie dem heiligen Vogel Phönix, der verbrennt und aus der Asche neu aufsteigt.

Lebenskünstler fürchten das Feuer nicht. Sie lieben es, da es Kräfte in ihnen entfesselt und sie ein loderndes Leben führen lässt.

Lasse dich daher häufiger „anstecken" von den entzündenden Feuern dieser Welt. Vermeide es, deine Tage „auf Sparflamme" abzuleben.

Lektion 94: Lebe leiblich

Mache dir zunächst den Unterschied deutlich zwischen deiner Körperlichkeit und deinem leiblichen Wesen. Der Körper stellt nicht nur deine Gegebenheit zur selbstbestimmten Ausgestaltung dar, sondern auch das Behandlungsobjekt der Anderen. Die Physiotherapeuten, die Ärzte und noch zuletzt die Totengräber kümmern sich um deinen Körper. Du selbst präsentierst dich anatomisch wie modisch körperlich. Selbst der je lebende Körper kann dennoch für seine Besitzer tot sein, wenn sie nicht mit und durch ihn zu sich selbst kommen. Der Mensch, „wie er leibt und lebt" kommt organisch als gespürtes Wesen zu sich selbst zu Bewusstsein. Einen Körper „besitzt" der Mensch, leiblich existiert er. Es gilt, die Funktionalität des Körperlichen und die Vitalität des Leiblichen zu unterscheiden.

Nach Hegel bietet der Leib dem Menschen die Möglichkeit an, in und zu sich selbst zurückzukehren und sich selbst bzw. sein Selbst zu erhalten. Auf diese Weise könne und müsse der Verkörperung des Leibes Einhalt geboten werden. Das kreative Selbst erfährt und gestaltet sich leiblich.

Viele unserer gegenwärtigen organischen Störungen sind Erkrankungen des Körpers. Der Bezug zur Selbststeuerung ist verloren gegangen. Wir leben organisch entfremdet mit einem Objekt-Körper, der krank wird. Wir haben das Kranksein gegen diagnostizierte Krankheiten ausgetauscht. Die leibliche Sprache wird nicht mehr verstanden. Darüber lassen sich viele Krankheitssignale übersetzen als Hilferufe des Leibes und der Seele. Der verstörte und gestörte Mensch wählt niemals zufällig ein Zielorgan oder eine Organsprache.

„Ich kann das alles nicht mehr verdauen", signalisiert der Magen. Eine Gastritis wird dann nach Diagnose und Verordnung der Körper-Ärzte mit Säureblockern behandelt.

Lebenskünstler verstehen es, ihren Leibbezug zu erhalten. Sie kennen Methoden des Biofeedbacks und steuern auf diese Weise die wechselseitigen Programme der Anpassung leiblicher Reaktionen auf innere und äußere Reize und Stressoren. Sie programmieren geistig-seelische und körperliche Prozesse und kontrollieren bewusst Körperfunktionen. Sie bedienen sich aber auch einfacher Verfahren, wie der Technik des autogenen Trainings. Hier wird auf anschauliche Weise deutlich, wie Wärme- und Schwere-Erleben mit einer spezifischen Konzentration und demzufolge der Beeinflussung der Durchblutung eines Organs induzierbar sind. Ähnliche Erfahrungen können über spezielle Atem- oder Yoga-Übungen, über Qi Gong oder Meditationen gesammelt werden.

Lebenskünstler experimentieren mit ihrer leiblichen

Gegebenheit. Sie suchen und erwarten die Rückmeldungen über in der Regel zunächst unbewusste Prozesse.

Daher beginne, dich für deine Leiblichkeit wieder zu interessieren.

Lektion 95: Bevorzuge die Unmittelbarkeit

Du sollst dich in diesem Kapitel mit Rätseln beschäftigen, vielmehr mit scheinbar unlösbaren Fragen, für die du deine eigenen Antworten finden musst. Beginne gleich mit der ersten Herausforderung:

Was haben die Stille und der Lärm gemeinsam? Sie zeigen dir ihre Unmittelbarkeit. Die Zen-Meister würden dementsprechend eine paradoxe Lösung dieser Frage vorschlagen: „Suche deinen Ort der lärmenden Stille." Sie erwarten keine allgemeingültige Antwort, sondern deine Reaktion. Der direkte, unmittelbare, nicht der vermittelte Zugang ist entscheidend um die sogenannten „Koans" zu erfassen. Für existenzielle Fragen, die du dir selbst stellst, sind Konzepte und vorgegebene Verarbeitungen nutzlos. Du wirst nicht deine Befindlichkeit erfassen und zum Ausgangspunkt für dein Leben wählen. Du wirst individuelle Antworten finden müssen, eben die unvermittelten Lösungen im Hinblick auf die oft irreführenden Mirakel und Mysterien.

Beantworte auf deine Weise die folgenden Koans:

„Spüle deine Schalen."

„Erläutere die Wege zum Nichts."

„Fülle eine volle Tasse."

Du wirst unerwartet viele eigene Deutungen und Antworten finden, wenn du dir jeweils Tiefe erlauben wirst.

Eine alte chinesische Weisheit lautet: „Vielleicht suchst du in den Zweigen, was in den Wurzeln zu finden ist."

Die Zen-Schüler werden mit den Rätseln der Menschen allein gelassen. Sie werden niemals belehrt, sonst würden sie ihre eigenen Wege nicht finden und gehen können.

Lebenskünstler freuen sich über Herausforderungen des zunächst scheinbar Sinnlosen. Sie erkennen dann die jeweilige Symbolik und Sinnfülle der „vollen Tasse" oder der „zu säubernden Schale".

Sie werden die Gefahren der eigenen Nichtung erfassen.

In einer japanischen Parabel wird ein Blinder gebeten, bei Dunkelheit eine Laterne mit sich zu führen. Als er fragt, warum er dies tun solle, erhält er die Antwort, dass andere ihn sehen müssten, nicht unbedingt er die anderen. Der Blinde folgt der Aufforderung, kann trotzdem den Zusammenstoß mit einem ihm in der Dunkelheit Begegnenden nicht verhindern. Er reagiert unverständlich, da er doch nur für die anderen eine Laterne mitführte. Er müsste aber darauf achten, wurde er belehrt, dass seine Kerze auch brenne." Wie will der Blinde diese scheinbar unlösbare

Aufgabe lösen? Er wird seine eigene Antwort finden, vielleicht die, dass er wie ein Nachtwächter immer wieder rufen muss, mein Licht leuchtet, meine Kerze brennt.

Das Wichtigste für Lebenskünstler ist der Glaube an sich selbst und an die Lösbarkeit der Lebensrätsel. Auch die christlichen Kirchenväter kannten Glaubensrätsel. Vielleicht solltest du dir Tertullians Weisheit zum Vorbild für dein Denken und Handeln nehmen: „Es ist gewiss, weil es unmöglich ist."

Es mag unmöglich erscheinen. Trotzdem wirst „Du" in der Unmittelbarkeit deines Zugangs zur Welt „Deine" Antworten finden und die Sinnfülle erfahren.

Lektion 96: Erkläre das Erreichte zum Ziel

Wir wollen zunächst Friedrich von Bodenstedt zu Wort kommen lassen, einen deutschen Schriftsteller und Philologen des 19. Jahrhunderts:

„Das erreichte Ziel bringt uns selten volle Befriedigung, unser bester Lohn liegt im Streben."

Bodenstedt scheint mit diesem Gedanken die Einstellung der meisten Menschen der Gegenwart zu bestätigen. Strebsamkeit endet erst mit der erlaubten Unfähigkeit der Tätigen bedingt durch Krankheit oder Tod. „Er/sie hat noch so viel schaffen wollen ...", ist eine beliebte Nachlassformel.

Auch Goethe lässt die Engel („*schwebend in der höhern Atmosphäre, Faustens Unsterbliches tragend*" verkünden: „Gerettet ist das edle Glied der Geisterwelt vom Bösen: Wer immer strebend sich bemüht, den können wir erlösen."

Die Gefahr des dauerhaften Strebens liegt jedoch in der Verselbstständigung dieser Auffassung vom Sinn des menschlichen Lebens. Das Tätigsein des Fleißigen gerät zum Selbstzweifel ohne Fragen nach dem Warum und nach dem Wozu. Daher erscheint es immer wieder geboten, sich angekommen zu erleben. Die eigene Existenz wird, wie das verordnete Leiden des Sisyphos, zur Last, wenn Ziele als nicht erreichbar wahrgenommen werden.

Lebenskünstler gestatten sich Wunscherfüllungen. Sie

vermögen auch noch Unvollkommenes so auf die Weise wahrzunehmen und darzustellen, dass sie sich selbst und andere überzeugen können, die richtigen Lebensentscheidungen getroffen zu haben. „Das habe ich im Prinzip immer schon gewollt ..." oder „mit ist jetzt klar, dass dieses oder jenes nie mein Bedürfnis war ..."

Treffend formulierte dies Dostojewski, dessen Bio-grafie man als „eine Gelingende im Prozess des wiederholten Scheiterns bezeichnen darf".

„Übrigens haftet der Wirklichkeit immer etwas Schusterhaftes an, selbst wenn sie aus dem reinen Streben nach dem Ideal hervorgeht."

Nimm also diese Aufforderung an und „schustere" dir deinen Lebenserfolg. Dir wird es gelingen, mehrere Paare bequemer Schuhe für dich fertigzustellen. Du solltest sie dann auch tragen und spüren, wozu sie dir dienen. Die Moderne verlangt viele Schuhe und die ständige Berücksichtigung der Moden und der Kleidervorschriften. Versuche dies zu ignorieren. Erfahre dich als angekommen und als besitzend. Die Erfüllung liegt am Ende der Strecke deines Bemühens um das Erreichen deiner Ziele. Die Begierden erlöschen in dem Moment, wenn sie als befriedigt erfahren werden. Gewöhne dir daher an, häufiger festzustellen, dass du mit dem Erreichten zufrieden bist. Natürlich wird dies nicht mit einem verordneten Stillstand in der meditativen Versenkung gleichzusetzen sein.

Dies forderte schon Lao Tse:

„Wer sich am Ziel glaubt, der geht zurück."

Daher schaffe dir Lebensetappen und einen jeweils zugeordneten Phasensinn.

Du wirst dann immer wieder erleben können, angekommen zu sein.

Lektion 97: Nutze die Provokationen

Wenn es Medizinern schwerfällt, mit üblichen Untersuchungsmethoden eine Diagnose zu stellen, nutzen sie gerne sogenannte Provokationstests. Auf diese Weise lässt sich z. B. bei gezielter übermäßiger Zufuhr von Kohlenhydraten ein latenter Diabetes mellitus feststellen. Ähnlich sind Allergietests angelegt, bei denen Hautreaktionen auf die lokale Infiltration von möglichen Allergenen Hinweise auf den gesuchten Krankheitserreger vermitteln.

Immer wieder nutzen auch Schriftsteller, Philosophen oder Psychologen das Instrument der Provokation, um gezielt Aufmerksamkeit zu wecken oder wachzurütteln. So kann z. B. ein Gedanke Voltaires verstanden werden: „Der Mensch ist dazu geboren, sein Leben in den Zuckungen der Unruhe oder in der Lethargie der Langeweile zu verbringen."

Wer würde sich nicht zum Widerspruch aufgefordert fühlen? Der Provokateur erreicht auf diese Weise sein Ziel. Er unterbricht Routinen und fordert auf zur Selbstreflexion oder auch zur Systemkritik. Der bekannteste Provokateur der Geistesgeschichte ist sicherlich der Kyniker (griechisch: Kyon = der Hund), Diogenes von Sinope.

Er forderte selbst Alexander den Großen auf, ihm aus der Sonne zu gehen, da er ihm in diesem Moment das Wichtigste nahm, Licht und Wärme. Zyniker stellen selbstverständlich Gewordenes infrage. Sie induzieren Norm- und Wertediskussionen, ohne Rücksicht darauf, ob die Adressaten gekränkt sein könnten. Ihr höheres Ziel ist die Gesundheit der Seele, des Geistes, ebenso wie die provokativen Interventionen der Ärzte.

Dichter wie Heinrich Heine, Kurt Tucholsky oder Oscar Wilde gewannen auf ihre Weise den Ruf der süffisanten Intriganten und der Störer der öffentlichen Ordnung. Sie forderten für sich wie selbstverständlich die Freiheit und die Geisteshaltung der aufrührenden Aufklärung. Die provokative Haltung attackiert den leidenden Menschen. Nicht selten schlägt sie dann auch in einen gewollten Sarkasmus um: „Ich unglückseliger Atlas! Eine Welt, die ganze Welt der Schmerzen muss ich tragen, ich trage Unerträgliches, und brechen will mir das Herz im Leibe" (Heinrich Heine). Heines „Buch der Lieder" enthält viele solcher ironischen Gedichte. In den zitierten Gedichtzeilen erfährt sich der Leser als Atlas, der das gesamte Gewicht der Welt auf seinen Schultern zu tragen hat. Melancholiker und Pessimisten könnten sich angesprochen fühlen. Sie dürften feststellen, dass es häufig nicht schwer ist, Lasten von den Schultern zu laden und sich unbeschwert zu erleben.

Lebenskünstler lieben die Provokation, die Ironie, den Sarkasmus und den Zynismus. Für sich und für andere nehmen sie die Rollen der Befreier ein.

Fühle dich häufiger einmal herausgefordert zur Provokation. Stelle dir entsprechende Situationen vor. Nimm aber vor allem die ärztliche Grundhaltung ein: Du willst helfen und heilen, auch hier bzw. dich selbst.

Lektion 98: Sortiere das Unwesentliche aus

Die in der Überschrift enthaltene Aufforderung stammt von Lao Tse. Zunächst mag dies einen Impuls vermitteln, vielleicht sogar einen Aktionismus auslösen.

Es erscheint schon lange überfällig zu sein, aufzuräumen und auszumisten.

Man mag an überfüllte Keller oder Garagen denken, an Schränke voller seit Jahren nicht mehr getragener Kleidungsstücke oder nicht mehr benutzter Gegenstände.

Es geht jedoch um mehr. Wie lässt sich Wesentliches von Unwesentlichem unterscheiden? Können wir zurückgreifen auf vorgegebene menschliche Wesenszüge, wenn wir mit unserer Aufräumarbeit beginnen wollen? Wahrscheinlich wird es für die meisten weniger schwierig sein, das für sie offensichtlich Unwichtige oder Unwesentliche zu erkennen und zu benennen.

Lebenskünstler pflegen in nicht festgelegten Zeitabständen Listen anzulegen. Sie notieren was „weg" kann und kommen nicht selten zu erstaunlich umfangreichen Aufzählungen. Sie verstehen sich jedoch nicht als Asketen. Sie dürfen sich auch für scheinbar Überflüssiges entscheiden, wenn es ihrem Gewinn an Lust oder Freude dient.

Du könntest mit einem ähnlichen Vorhaben deinen Weg zum Wesentlichen einschlagen. Achte dabei auch darauf, was und wie du die Dinge wahrnimmst.

Saint-Exupérys „Kleiner Prinz" weiß dies zu verdeutlichen: „Man sieht nur mit dem Herzen gut. Das Wesentliche ist für die Augen unsichtbar."

Edmund Husserl ist der philosophische „Lehrmeister" der geistig-intuitiven Wesensschau, die er gegen die gängige rationale Erkenntnis setzt. Als Methode wählt er die „Einklammerung", die sukzessive Beseitigung von Vorstellungen, vor Meinungen, Begriffen oder spontanen Sinneseindrücken. Über die Enthaltung bzw. über das Innehalten sollen sich die Phänomene von selbst in ihrem ursprünglichen Wesen zeigen.

Auch philosophisch geschulten Lebenskünstlern wird es nicht leichtfallen, die Husserl'sche Wesensschau nachzuvollziehen oder umzusetzen.

Daher laden wir noch einmal Lao Tse als Lehrmeister ein, der einen weniger theoretischen, doch durchaus tiefgehenden Wesenszugang aufzeigt:

Also der Erwachte: Er wirkt / ohne zu werken. Er sagt / ohne zu reden. Er trägt alle Dinge in sich zur Einheit beschlossen. Er erzeugt / doch besitzt nicht. Er vollendet Leben / beansprucht nicht Erfolg. Weil er nicht beansprucht / erleidet er nie Verlust.

Der Erwachte oder auch der zur Erleuchtung gelangte Mensch ist nach der Auffassung vieler asiatischer Denker seinem Wesen und gleichzeitig dem Wesen der Welt nahe.

Lebenskünstler übernehmen gerne und häufig Erkenntnisinteressen und Handlungsmaximen der Asiaten.

Versuche auch du einige der Ratschläge Lao Tse's zu befolgen.

Fülle seine Feststellungen persönlich auf: Was heißt für dich erzeugen statt besitzen?

Wie kannst du allein durch dein Dasein wirken?

Wo und wann erfährst du deine Einheit?

Kannst du dir vorstellen, ohne konkrete Ansprüche zu leben?

Sei zunächst bescheiden: Wenn es dir gelingen wird, zunächst nur eine dieser Wesensforderungen für dich anzunehmen, dann bist du auf dem guten Weg.

Es wird dir leichtfallen, Unwesentliches zu erkennen und aus diesem Selbstsinn-System zu entfernen.

Lektion 99: Lebe dein Ethos

Weißt du etwas mit dieser Forderung anzufangen? Wahrscheinlich hast du bisher nie darüber nachgedacht, mit welchem Ethos du lebst. Du wirst dich fragen müssen, ob du eigene moralische Leitlinien für dich gefunden hast. Gegebenenfalls orientierst du dich an den Vorgaben der Religionen oder der Gesetze deines Landes.

Das Ethos stellt eine in dir selbst erfahrbare innere Instanz dar. Diese formt deinen Charakter und deine Lebensweise. Immanuel Kant deklamierte in seiner Kritik der praktischen Vernunft: „Zwei Dinge erfüllen das Gemüt mit immer neuer und zunehmender Bewunderung und Ehrfurcht, je öfter und anhaltender sich das Nachdenken damit beschäftigt: Der gestirnte Himmel über mir und das moralische Gesetz in mir." Kant definierte über das erfahrbare Gewissen die bekannte Formel des kategorischen Imperativs: „Handle nur nach derjenigen Maxime, durch die du zugleich wollen kannst, dass sie ein allgemeines Gesetz werde."

Der kategorische Imperativ stellt die rationale Grundlage der Gesinnungsethik dar. Über unsere innere Steuerung sind uns moralische Entscheidungen vorgegeben. Dies entspricht auch der goldenen Regel der Bibel: „Behandele andere so, wie du von ihnen behandelt werden willst."

Das Gesinnungsethos repräsentiert nach Origenes eine allgemeingültige Formel der Nächstenliebe und damit eines Naturrechts, gleichzusetzen mit dem Willen Gottes. Das Ethos ist aber immer auch als innere Selbst- ggf. Fremdverpflichtung zu deuten. Damit haben wir uns zu konfrontieren und unser Handeln stets zu hinterfragen hinsichtlich der offenen praktischen Kategorien einer Verantwortungsethik.

Schon Lao Tse hatte in diesem Sinne festgestellt: „Verantwortlich ist man nicht nur für das, was man tut, sondern auch für das, was man nicht tut."

Albert Schweitzer entwickelte mit seiner Lebensphilosophie und seiner gesamten Lebensweise nicht nur aus diesen Vorgaben eine Ethik der Ehrfurcht vor dem Leben: „Ich bin Leben, das leben will, inmitten von Leben, das leben will." Er forderte immer wieder zu einer ethisch verpflichteten bzw. sich moralisch verpflichtenden Menschlichkeit auf. Wer sonst als der Mensch sei berufen, das Leben zu schützen, das Natürliche als Heil(ige) zu erkennen und die Welt nach den Vorgaben des sich vielfach präsentierenden Lebenswillens zu gestalten. Das Wort „Mensch" bedeutet im Sanskrit „der Fähige". Auch die christliche Schöpfungsgeschichte definiert Adam (gleich den Menschen) zum Beauftragten und zum Berufenen Gottes.

Lebenskünstler stellen sich diesen Aufträgen und

bauen sie auf zu einem eigenen Ethos. Je nach eigener Entscheidung gehen sie aus von den Grundforderungen einer
Gesetzesmoral (Gesinnungsethik) oder von einer inneren
Selbstverantwortung (Verantwortungsethik). Selbstbe-
stimmte Grundhaltungen unterstützen sie dabei beim Aufbau moralischer Grundprinzipien (so z.B. die Ehrfurchts-
forderung).

Vielleicht könntest du für dich das aristotelische
Grundtheorem nutzen, um deinem Ethos zunächst ein Fundament zu geben: „Dass der Redner selbst glaubwürdig ist,
dafür gibt es drei Gründe. Es sind dies Einsicht, Tugend
und Wohlwollen." Aristoteles konstruierte das bekannte
rhetorische Dreieck mit den Eckpunkten Ethos, Pathos (erleben, Gefühl) und Logos. In seinem Ethos präsentiert der
Mensch seine Individualität, seine Glaubwürdigkeit und
die Prinzipien seines Wollens und seines Handelns.

Du wirst erkannt haben, welche Bedeutung Lebenskünstler ihrem Ethos zumessen. Zögere daher nicht, dich
diesen Fragen zu stellen und eigene Antworten zu geben.

Lektion 100: Kultiviere deinen Charakter

Das neugeborene Kind lebt und erlebt weitestgehend seine Instinkte und Triebe.

Es reflektiert in den ersten Lebensjahren sein Handeln, seine Bedürfnisse, sein Dasein und sein Sosein nicht. Die Eltern des Kindes, ebenso wie verantwortliche gesellschaftliche Institutionen (Kirche, Schule etc.) sehen ihre Hauptaufgaben darin, dessen körperliches Wohlergehen und dessen geistige Entwicklung zu fördern.

Schon Jean-Jacques Rousseau warnte in seinem Erziehungsroman „Emile" vor allzu einseitigen pädagogischen Bestrebungen. Dem Verstand des Kindes dürfe nicht mehr Aufmerksamkeit zuteilwerden als seinem Gemüt und seinem Charakter.

Was ist zunächst unter einer solchen „Charakterschulung" zu verstehen?

Leider diente dieser Leitsatz nicht selten der Rechtfertigung des Kindesmissbrauchs. Kinder lernten „Zucht und Ordnung", hatten sich den Ideologien der Erwachsenen anzupassen und sich als „gelungene Töchter und Söhne" zu präsentieren.

Der Charakter eines Menschen stellt immer eine aktuelle Widerspiegelung seiner erfüllten oder unerfüllten Bedürfnisse dar.

Nach Erich Fromm hat jeder Mensch 6 Grundbe-dürf-nisse, die er in seiner Existenz zu befriedigen sucht:

Das Bedürfnis nach Bezogenheit (Bindung).
Das Bedürfnis nach Transzendenz (Schöpfer seiner selbst).
Das Bedürfnis nach Wirkmächtigkeit (Produktivität).
Das Bedürfnis nach Verwurzelung.
Das Bedürfnis nach Orientierung.
Das Bedürfnis nach einem Identitätserleben.

Die Suche und der Aufbau eines je die einzelnen Be-dürfnisebenen betonenden Selbstbildes kann scheitern. Wir erleben dann die ebenfalls von Erich Fromm beschrie-benen aktuellen Entartungen der Gesellschaftscharaktere:

Den autoritären Charakter,
den Marketing-Charakter,
den destruktiven Charakter,
den hortenden Charakter oder
den ausbeuterischen Charakter.

Es ist dennoch unbedingt notwendig, auch als erwach-sener Mensch der Forderung Rousseaus zur Charakter- und Gemütsprüfung regelmäßig nachzukommen. Viel-leicht hilft es auch hier weiter, die Tugendlehren der griechischen Klassik zu studieren. Sokrates, Platon und Aristoteles hatten als ethische Grundforderungen die Herausbildung derjenigen menschlichen Kompetenzen gefordert, die ein von Moral getragenes Leben ermöglichen. Hierzu zählen die Charaktereigenschaften der Tapferkeit, der Besonnenheit, der Gerechtigkeit, der Wahrhaftigkeit und der Freigiebigkeit.

Lebenskünstler prüfen ihre Bedürfnisse hinsichtlich ihrer subjektiven Bedeutung und Erfüllung. Sie ordnen ihren emotionalen Erfahrungen und ihren Handlungsmaximen Selbstherausforderungen ihres Charakters zu. Sie fordern sich regelmäßig auf zur Selbstkritik und zur Kontrolle ihrer Verhaltensgewohnheiten.

Wie beurteilst du dich selbst? Hast du einen guten Charakter? Besteht Kultivierungs- oder Renovierungs-bedarf?

Umsetzung 1: Werde ein Freudenerfinder

Von dem Schweizer Aphoristiker und selbst ernannten Lebenskünstler Alfred Selacher stammt der Ausspruch: „Der echte Lebenskünstler ist ein Freudenerfinder, der als Gedankenweber seinen Unterhalt verdient." Die Aufgaben und die Tätigkeitsfelder des Freudenerfinders sind nicht neu, so befremdlich oder auch närrisch das erscheinen mag.

Der Pfarrer und Philosoph Johann Caspar Lavater, ein Zeitgenosse Goethes, zählte im 3-Gesang seiner Gedichte eben diese Fähigkeit zu den zentralen Kompetenzen des „herzlichen Lebens": Aufmerksamkeit, Beobachtungsgabe, Edelsinn, Dankbarkeit und Freudenerfindung.

Die Auflistung Lavaters könnte als erste Lektion für die Ausbildung zum Freudenerfinder genutzt werden, aus der sich die notwendigen Lerninhalte leicht ableiten ließen. Für diese Berufsgruppe sind ein wacher Geist, ein gewisser Tiefsinn sowie eine offene Lebenseinstellung erforderlich, die alles Begegnende als Angebot und Geschenk der Freude erfassen kann und will.

Eine entsprechende Präsentation gab es übrigens schon als öffentliche „Verkaufsanzeige":

Auszug aus der Augsburger Ordinari Volkszeitung vom 05. Dezember 1807:

„Ein gewisser Schellenberg, bey Wesel wohnhaft, kündigt in öffentlichen Blättern an, er habe eine Erfindung gemacht, die er als Freudenerfindung nennt und von der er hofft, dass sie bey den gegenwärtig freudenleeren Zeiten mit Freude werde aufgenommen werden. Er wünscht aber, dass jeder seiner Freud einstigen Zeitgenossen, jeder binnen einem Jahr, 24 Kreuzer für die Freudenerfindung niederlege. Den Freudenzoll will Herr Schellenberg erst dann einstreichen, wenn seine Freudenerfindung sich hält."

Wer wollte diese preiswerte Ware nicht annehmen, zumal Herr Schellenberg noch Garantie verspricht. Vielleicht sind Lebenskünstler aber auch von Natur aus selbst Freudenerfinder, wie Alfred Selacher behauptet. Wir könnten dann Freude jederzeit kostenlos genießen. Es bedürfte allerdings tatsächlich einer entsprechenden Entdeckermentalität und Wohlgestimmtheit. Natürlich ist auch eine humorvolle Grundauffassung der Existenz und eine ein wenig tiefergehende Narretei erforderlich. Einem höheren Anspruch muss Selachers „Gedankenweber" gerecht werden. Dieser sichert die existenzielle Freude ab gegen die niederen Gefahren der flachen Belustigung. Der geschickte Freudenerfinder ist ein kreativer Denker, der es versteht, sich jenseits jeder Katheder-Philosophie im gewöhnlichen Alltag geistig zu bewegen.

Lebenskünstler verknüpfen Wissensdrang, Sinnenfreude und existenzielle Selbstsetzung miteinander. Schon der Stoiker und römische Kaiser Marc Aurel stellte das fest: „Unser Leben ist, was unser Denken daraus macht."

Daher sollte dir der Auftrag Alfred Selachers noch einmal ausdrücklich erteilt werden: Mache dich auf, ein Freudenerfinder und ein Gedankenweber zu werden!

Umsetzung 2: Erfahre dich als wirksam

Erprobe deine Frustrationstoleranz: Du bringst wohl reflektierte und interessante Gesprächsbeiträge und niemand hört dir zu. Du nimmst mit lebhafter Gestik und Mimik Kontakt zu dir sympathischen Menschen auf und erhältst kein positives Signal. Du erfährst dich in der Masse untergegangen. Was wirst du tun, um in der jeweils von dir gewünschten Weise besser zu wirken?

Ein Modewort der Politiker und Modeschöpfer unserer Zeit ist die Wirkmächtigkeit, was immer das heißen mag. Geht es um psychische oder soziale Stärke oder um Durchsetzungsvermögen? Erlebst du dich als wirkmächtig? Gestehst du dir Gestaltungs- und Schöpfungsmacht zu? Wo könntest du damit beginnen?

Widersprich zunächst allen, die dir und vielen anderen Ohnmacht attestieren wollen. Die Herrschenden dieser Welt brauchen Untertanen, damit sie ihre Macht ausüben können. Wenn du dich gezielt selbst wahrnehmen kannst, wirst du in jedem deiner Lebensprozesse Wirkmacht spüren. Du könntest dich wie Gottfried Wilhelm Leibniz einst feststellte, als „jederzeit des Wirkens fähiges Seiendes annehmen". Das von Leibniz beschriebene, uns in jeder Hinsicht begegnende Kernphänomen ist die „Monade". Jede Existenz trage den Grund und den Willen seiner selbst in sich. Jede Verkörperung bestehe demnach aus Aggregaten unzähliger Monaden. Von diesen besäße jeder Einzelne die Fähigkeit zur Perzeption der Welt, d. h., zu ihrer sinnlichen Wahrnehmung sowie zur Entfaltung von Aktivitäten (Leibniz: „Begehrungen").

Der Mediziner Rudolf Virchow bezeichnete jede Zelle des menschlichen Körpers als Monade. Jede kleinste unserer „Baueinheiten" hat demnach „etwas zu sagen" und will sich mit einer bestimmten Funktion zum Ausdruck bringen.

Lebenskünstler spüren in sich selbst diese universelle Macht, die sie zeitlebens begleitet und existenziell einbringt. Sie nehmen sie als Triebmacht, als Macht der Gefühle, als Macht der Worte, als Macht der Ideen und in der Summe als Wirkmächtigkeit des (Über)Lebenswillens wahr. Sie erfahren sich demnach in jeder Hinsicht wirksam. In ihnen wirken unzählige Kräfte mit jeweils vorgegebenen in sich ruhenden Zwecken. Lebenskünstler sind sich bewusst über ihr Wirkungsvermögen. Dabei ist der zweite Begriffsbestandteil wichtig. Lebenskünstler wissen sich als vermögend anzunehmen, hier natürlich nicht in der üblichen ökonomischen Bedeutungs-zuordnung unserer Zeit. Sie dürfen sich als funktionierende Menschen präsentieren. „Seht her, alles in mir ist wohlgeordnet – willensstark".

Wähle selbst diesen Weg des Umgangs mit dir selbst und mit anderen. Du wirst bemerken, dass dein „Wirken" eine Ausstrahlungskraft besitzt, die dir andererseits wieder eine grundlegende Attraktivität schenkt. Beachte jedoch eines: Zeige das Wirkungsvermögen (Efficacy) deines Daseins, aber nicht seine Effektivität.

Letztere Lebensweise entspricht den Vorgaben der kapitalistischen Gesellschaft. Unsere Existenz und unsere Präsenz sollten keiner Kosten-Nutzen-Analyse und keiner Rentabilitätsrechnung unterzogen werden.

Umsetzung 3: Verlängere dein Leben

In den Märchen und Mythen vergangener Zeiten ging es immer wieder um Themen des Sieges von Menschen über die Sterblichkeit oder um den Erhalt dauerhafter Jugendlichkeit.

Die Hesperiden bewachten einen Baum mit goldenen Äpfeln, die den Göttern nach dem Verzehr ewige Jugend garantieren sollten.

Über Jahrhunderte suchten und beschrieben Dichter der Antike den Jungbrunnen bzw. den Lebensbrunnen. Die bekannteste künstlerische Darstellung stammt von Lucas Cranach, dem Älteren. Greise steigen auf der einen Seite eines Bades in die verjüngenden Wasser, die sie als Kinder wieder verlassen. Verjüngungskuren gehören auch heute wieder zu den Angeboten der Heiler und Sanatorien. Vitamine und sogenannte Aufbaupräparate werden empfohlen, aber auch spezielle Fitnessprogramme. Dazu gehören dann noch spezifische Formen der Diät und des Verzichts auf belastende Nahrungs- und Genussmittel. Schon lässt sich „Anti-Aging" wunderbar vermarkten.

Lebenskünstler finden andere Wege, langsamer zu altern. Sie lassen sich im Leben nicht fremdsteuern. Sie leben ihr eigenes Leben als dessen Regisseure und nicht nur als dessen Zuschauer. Sie suchen die Fülle und erfahren ein erfülltes Leben. Deshalb beantworten Lebenskünstler

238

in der Regel die Frage nach ihrem Alter vierfach: Historisch bestimmt durch den Zeitpunkt ihrer Geburt, biologisch bestimmt durch ihre Gene und ihre Lebensweise, biografisch bestimmt durch die Fülle ihrer Erlebnisse, psychologisch bestimmt durch ihren emotionalen Zugang zu sich selbst und zur Welt. Der genetische Einfluss scheint dabei nicht unbedingt eine überragende Rolle zu spielen. Nach wissenschaftlichen Analysen von Genetikern der Universität Edinburgh mit ca. 600.000 Probanden scheint die erbliche Komponente der Lebenserwartung lediglich ca. 25 % zu betragen.

Psychologen sprechen der Motivation des Einzelnen eine größere Bedeutung zu. Hier sind zu unterscheiden: Die extrinsischen Motive (Aufgabe, Ziele, Erwartungen) und die intrinsische Motivation (Freude, Lust, Erfüllung). Die Letztere meinte wahrscheinlich Seneca, wenn er behauptete: „Ein sorgloses Leben kann niemandem zuteilwerden, der sich um dessen Verlängerung zu viele Gedanken macht."

Daher kann es nie das primäre Ziel der Lebenskünstler sein, ein möglichst hohes Lebensalter zu erreichen. Sie erfassen das Erreichte so häufig wie möglich als ihren Lebenserfolg und stellen es ihrer Lebenszeit gegenüber.

Lebenskünstler verlängern nicht ihr Alter, sondern ihre Kindheit. Sie propagieren, dass der wahrhaft spielerische Umgang mit dem Leben keine zeitliche Limitierung kennt.

In diesem Sinne stellte schon Martin Buber fest, dass es nicht um eine alleinige zeitliche Ausweitung des Lebensraumes gehen kann, vielmehr nur um eine Vertiefung. Dies belegt ein bekannter Aphorismus des französischen Chirurgen Alexis Carrel: „Es kommt nicht darauf an, dem Leben mehr Jahre zu geben, sondern den Jahren mehr Leben zu geben."

Nimm diese Herausforderung an und fülle deine Lebensjahre auf. Irgendwann wirst du die Frage nach deinem Alter als Lebenskünstler beantworten können: Mein in meinem Pass angegebenes Alter ist x Jahre, mein Erlebnisalter beträgt mindestens x plus 20 Jahre, mein Erlebensalter hingegen berechne ich mit mindestens x minus 20 Jahre.

Wenn du dies von dir behaupten kannst, dann wirst du dein Leben verlängern.

Umsetzung 4: Anfang ohne Ende

Der erste Kanzler der Bundesrepublik Deutschland, Konrad Adenauer, war für seine unkonventionellen Äußerungen bekannt. Eine dieser typischen Bemerkungen lautete: „Wenn die anderen glauben, man ist am Ende, so muss man erst richtig anfangen." Wir sollten uns also lieber mit dem Anfang als mit dem Ende beschäftigen.

Hast du einmal darüber nachgedacht, wann dein Leben begonnen hat? Gibt es dich seit deiner Geburt, schon vor deiner Geburt im Mutterleib, in deinen Genen schon seit Generationen angelegt? Wann wirst du enden und in welcher Weise, körperlich, historisch, seelisch, mit deinen Gedanken, Ideen, mit deinen weitergegebenen Genen? Deine Anfänge sind zeitliche Herausforderungen, Entscheidungen für dich in jedem Moment deines Lebens. Sie stellen räumliche Anfänge dar, mit jedem bewussten Eintreten und Entgegentreten. Sie sind Spielräume für dich. Anfänge sind voluntaristisch begründet. Sie beruhen auf deinem Willen in der Bestimmung und Ausrichtung deiner Selbst. Du bist immer und überall „möglich".

„Ich möchte ganz von vorn beginnen", beschloss der Literaturnobelpreisträger Elias Canetti, „aber wo ist vorn?" Es existiert kein losgelöst anzugehendes Woraufhin des Menschen, ebenso wenig ein allgemeiner Startpunkt. Goethes Faust deklamiert daher mit Recht: „… auf einmal seh' ich Rat … am Anfang war die Tat." Faust stellt sich damit gegen die christliche Ausgangsformel der Schöpfungsgeschichte „am Anfang war das Wort (der Logos)". Der griechische Begriff „Logos" muss zunächst weiter verstanden werden als Weltvernunft, Weltsinn. Trotzdem sieht sich jeder „Anfänger" mit einer ersten grundlegenden Entscheidung konfrontiert: Beginnen wir handelnd oder planend?

Marc Twain plädierte wie Goethe eindeutig für das Primat der Tat: „In 20 Jahren wirst du die Dinge, die du nicht getan hast, mehr bedauern als deine Taten … Fang den Wind in deinen Segeln, erforsche, träume entdecke."

Lebenskünstler finden immer einen Grund anzufangen.

Sie planen sich auch im ungewohnten Gelände ihre Wege, indem sie diese gehen. Sie gestatten sich aber auch, in jeder Lebenssituation anzukommen.

Sie leben zirkulär. Das heißt mit dem Erreichen von Zielen schließen sie Bewegungskreise ohne Endgültigkeit. „Lass den Anfang mit dem Ende sich in eins zusammenziehen", begehrte Goethe in seinem Gedicht „Dauer und Wandel". Ähnlich lautet ein chinesisches Sprichwort: „Anfang und Ende reichen sich die Hände."

Wenn du wie die Lebenskünstler keinen absoluten Anfang und kein definitives Ende für dich akzeptieren willst, dann wirst du zeitoffen existieren.

Du wirst die Lebensdauer und das Verweilen lieben,

aber immer auch die Veränderung. Möglicherweise wirst du dann bestätigen können, was vor Jahren Winston Churchill in einer Rede feststellte: „Dies ist nicht das Ende. Es ist nicht einmal der Anfang vom Ende. Aber es ist, vielleicht, das Ende des Anfangs."

In diesem Sinne: Suche das „Anfangsende" um neu zu beginnen, nicht das Endgültige!

Umsetzung 5: Zur Übergabe: Dein Text

100 Lektionen plus 5 Umsetzungshinweise für dich, das sollte reichen, um aus dir einen Lebenskünstler/eine Lebenskünstlerin zu machen. Vorauszusetzen ist natürlich, dass du, wie bei jedem Lernstoff, aufmerksam aufnehmen und immer wieder üben wirst. Gute Lehrmeister fordern ihre Schüler in der Regel dann auch zur eigenen geistigen und praktischen Produktivität auf.

Daher: Suche und finde deine eigenen Wege. Notiere deine eigenen Lehrsätze. Du glaubst, du kannst dir die Muße und die Kreativität für deine Entwürfe des Lebens nicht zubilligen?

Beginne mit einer einfachen Erfahrungsübung:

Ziehe dich nur für einen kurzen Zeitraum zurück, schließe die Augen und zähle langsam bis 100. Erlebe wie lang ca. 1 ½ Minuten Sinnerfahrung sein können. Längere Zeit wird deine Abzählaufgabe nicht in Anspruch nehmen.

Doch was wird dir in diesen Momenten in deinen Gedanken und Gefühlen begegnen?

Lege Papier und Stift bereit, um alles aufschreiben zu können, was du in dir, was du um **dich** herum und außerhalb deiner selbst wahrgenommen hast.

Lasse aus den Stichworten und Sätzen deine eigenen Lektionen entstehen.

Du wirst erleben, wie „Es" dich steuert, wie du fast automatisch schreiben wirst.

Brauchst du weitere Anregungen zur Lebenskunst?

Wirst du jetzt zu vielen Zeiten, an vielen Orten deine Impulse sammeln?

Führe dein eigenes Tagebuch der lebensklugen Lebensführung.

Entscheide dich so oft wie möglich gegen die Ober-flächlichkeit des routinierten Alltags.

Wähle das bewusste Dasein und vermeide, wann immer möglich, den schönen Schein.

Strebe an, selbst Schöpfer und Ergebnis deines Lebensentwurfs zu sein.

Veröffentlichungen von Walter Machtemes
(Auswahl)

Bücher:

Mahner und Warner von gestern, Bochum 1986

(Über)Lebenspausen, Oberhausen 1990

Im Zweifel für die Weisheit, Oberhausen 1993

Angenommen es gäbe mich nicht, Oberhausen/Norderstedt 2000/2018

Energon, Oberhausen/Norderstedt 1993/2014

GesundZeit, Norderstedt 2003

Vordenken - Nachdenken, Norderstedt 2013

Besonnen leben, Norderstedt 2016

Selbstgegenwärtigkeit, Norderstedt 2019

CDs / Hörbücher:

GesundZeit 1

GesundZeit 2

Energon (3 CDs)

(Über)Lebensgeschichten

BeSinne Dich

DVDs:

Ich, wer ist das?

Ich bin so frei, gesund zu sein

Therapieziel: Besonnen leben

Vielfache weitere wissenschaftliche Studien und Veröffentlichungen im Forschungsfeld "Medizinische Soziologie": Lehrbücher Fernstudien-Skripten wissenschaftliche Studien zeitgeschichtliche Schriften.